Manuela und Matthias Krause

Hautnah

Fotos Titel

oben: Bei Verwandten in Philadelphia
unten: Eingang zum Death Valley

1. Auflage 2009

Fotos: Manuela und Matthias Krause
Lektorat: Martin Schempp
Korrektorat: Sabine Kümpers-Petry
Gestaltung: Sylva Harasim
Druck und Bindung: Ebner & Spiegel, Ulm

ISBN 978-3-933385-46-8

Manuela und Matthias Krause

Hautnah

rukka

Die Motorradreisebücher im
HIGHLIGHTSVERLAG

Inhalt

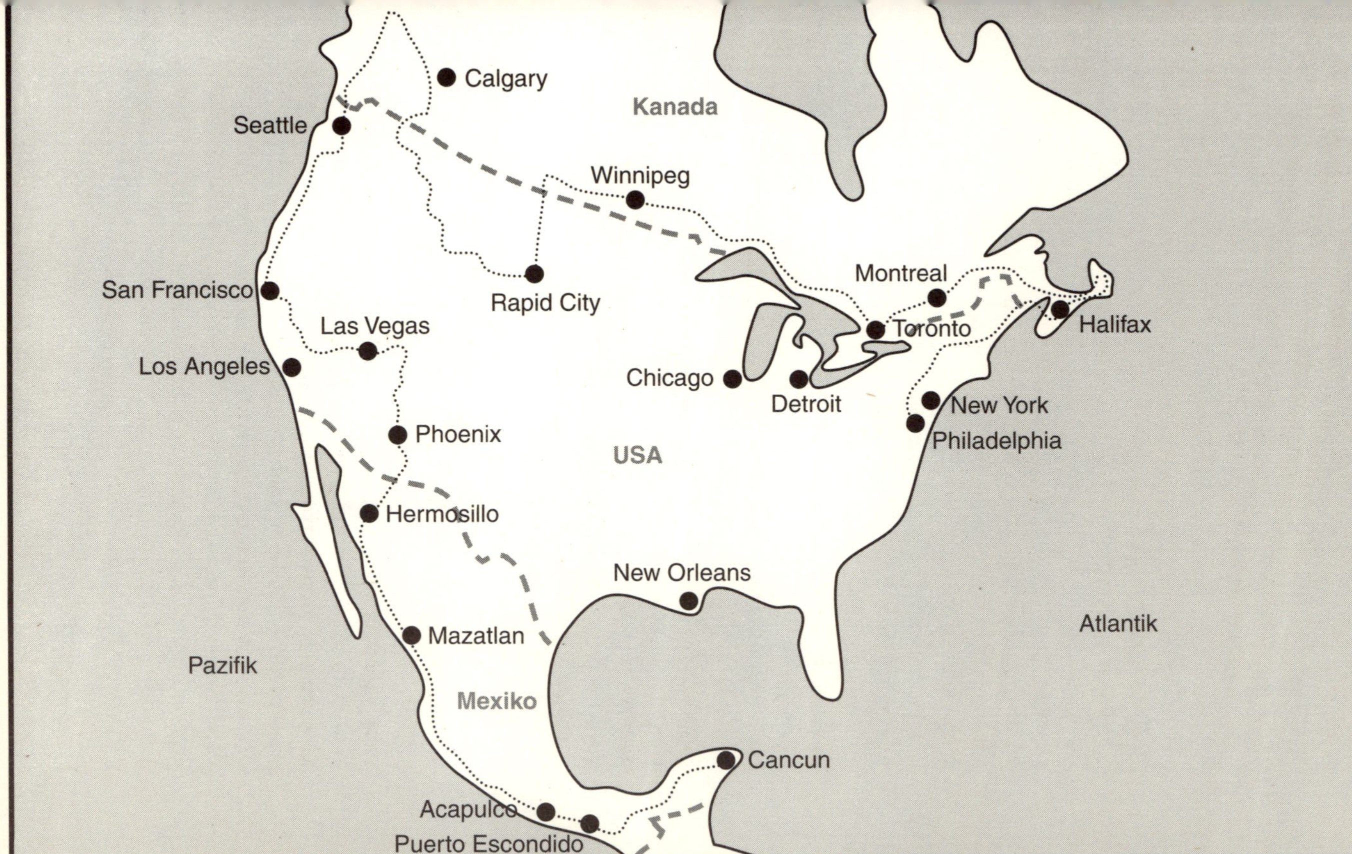
Calgary
Kanada
Seattle
Winnipeg
San Francisco
Rapid City
Las Vegas
Los Angeles
Montreal
Toronto
Halifax
Chicago
Detroit
New York
Philadelphia
Phoenix
USA
Hermosillo
New Orleans
Atlantik
Mazatlan
Pazifik
Mexiko
Cancun
Acapulco
Puerto Escondido

Prolog

Vor einigen Jahren stießen wir in einer Buchhandlung auf das Buch „Abgefahren“ von Klaus Schuberth und Claudia Metz. Dieses Buch, das von einer 16 Jahre langen Motorradreise rund um die Welt berichtet, ist ein Klassiker in der Motorrad-Reiseliteratur. Und nicht nur das: Auch mit ihren Diavorträgen schüren die beiden Weltenbummler das Fernweh vieler Motorradfahrer.

Matthias las das Buch in einem Ruck durch, ebenso Manuela. Mit dem Ergebnis, dass wir uns während der Lektüre am liebsten in die Motorradklamotten geworfen hätten und auf und davon gefahren wären.

Im April 2004 sahen wir uns die Diashow von „Abgefahren“ an und plauderten anschließend mit Klaus. Als Widmung schrieb er uns ins Buch: „Lebe deine Träume – Datum setzen.“ Auf der Heimfahrt war es still im Auto, keiner traute sich, mit seinen Gedanken herauszurücken. Doch irgendwann ließen sie sich nicht mehr zurückhalten: Wir wollten reisen! Allerdings nicht auf diese extreme Art, da waren wir uns einig.

Auf Klaus' Empfehlung hin setzten wir uns mit April 2007 einen Termin. Danach begann die Vorbereitungszeit. Manuela machte ihren Motorradführerschein, denn irgendwann hatte sie genug vom Hintendraufsitzen und wollte selbst den Lenker in die Hand nehmen. Unsere Flitterwochen verbrachten wir mit zwei Motorrädern in Schottland.

Mit diesen beiden Straßenmaschinen wollten wir die Reise allerdings nicht antreten. Wir entschieden uns für die Kawasaki KLR 650, eine recht einfach gestrickte Einzylinder-Enduro mit rustikaler Technik und überschaubarer Elektrik. Auch unser Motorradhändler, zu dem wir seit langer Zeit eine sehr gute Beziehung haben, bestärkte uns in dieser Entscheidung und sagte uns seine Unterstützung zu, falls wir unterwegs Probleme bekommen sollten.

Wir sparten an allen Ecken und Enden. Zur großen Überraschung ging das viel leichter, als wir es uns vorgestellt hatten, denn das Kaufverhalten wandelte sich völlig. Automatisch hinterfragt man jede Anschaffung und wägt mehr ab als früher. Wozu braucht man diese Hose? Warum soll man sich diese Schuhe kaufen? Klar sind das schöne Sachen, aber brauchen tut man sie eigentlich nicht.

Wir stellten Terminpläne auf, hängten sie an die Wand und trugen darin alle zu erledigenden Sachen ein. Zuerst monatsweise, später wochenweise, zum Schluss sogar tageweise. Die Impftermine mussten abgestimmt werden, einen Spanischkurs an der Volkshochschule wollten wir auch noch machen, und natürlich mussten die Motorräder umgebaut werden. Das gestaltete sich bei der Kawasaki KLR schwieriger als bei anderen Modellen, denn der deutsche Zubehörmarkt ist für die KLR mehr als dürftig.

Die letzte große Aktion war das Beantragen der Besuchervisa für die USA, damit wir mehr als 90 Tage im Land bleiben durften. Dank Internet kann man sich ja heutzutage relativ gut auf so etwas vorbereiten, wird aber auch durch viele negative Berichte zum Thema Visa-Interview unnötigerweise beunruhigt. Das Ganze verlief vollkommen problemlos, und schnell hieß es: „Ihre Visa werden erteilt.“ Schon am nächsten Tag hatten wir unsere Reisepässe zurück.

Dann war es fast geschafft. Die Wohnung gekündigt, ebenso die Jobs. Unsere Chefs waren davon zwar nicht begeistert, doch konnten wir darauf keine Rücksicht nehmen. Später wollten wir uns auf gar keinen Fall vorwerfen: „Ach, wären wir damals nur gefahren.“ Jetzt waren wir jung und gesund, jetzt war unsere Zeit. Wir waren bereit für unser großes Abenteuer: eine Motorradreise ohne Zeitlimit, ohne fixen Rückreisetermin.

Kapitel 1: USA – der Nordosten

Einwohnerzahl: 305 Millionen. **Fläche:** 9.826.630 Quadratkilometer. **Bruttoinlandsprodukt pro Einwohner:** 46.000 US-Dollar.

13. April – Der Traum wird wahr

Matthias: Wir waren gut in Frankfurt angekommen und hatten schon am Vortag unsere Motorräder bei der Spedition abgegeben, die sie nach Philadelphia bringen würde. Plötzlich klingelte Manuelas Telefon. Die Spedition war dran, es gebe da ein Problem mit den Motorrädern. Na, das ging ja gut los. Zum Glück hatten wir zwischen Abgabe der Bikes und unserem eigenen Flug einen Tag als Reserve gelegt.

Meine Eltern und mein Neffe waren mit von der Partie. Auf der Fahrt zur Spedition war es gespenstisch ruhig im Auto. Was würde wohl das Problem sein? Konnten wir es heute noch lösen? Hoffentlich war nichts mit dem Gepäck. Denn das sollten wir nach mündlicher Aussage am Motorrad lassen können. Fragen über Fragen kreisten in fünf Köpfen.

Und tatsächlich gab es Ärger wegen des Gepäcks: Bei der Einfuhr der Motorräder in die USA durfte es offensichtlich doch nicht am Motorrad bleiben. Dass für die USA andere Bestimmungen gelten, hatten wir schon bei der Suche nach einer Versandart gemerkt. Ein Transportunternehmen meinte, dass es keine Probleme gebe, ein einzelnes Motorrad in die USA zu verschicken, bei zweien jedoch sehr wohl. Auf unsere Frage nach dem Warum bekamen wir ein entrüstetes: „Wohl noch nichts vom 11. September gehört?" zu hören. Was der Transport eines zweiten Motorrades mit den Terroranschlägen zu tun haben sollte, war uns unklar, und so hakten wir diesen Anbieter ab.

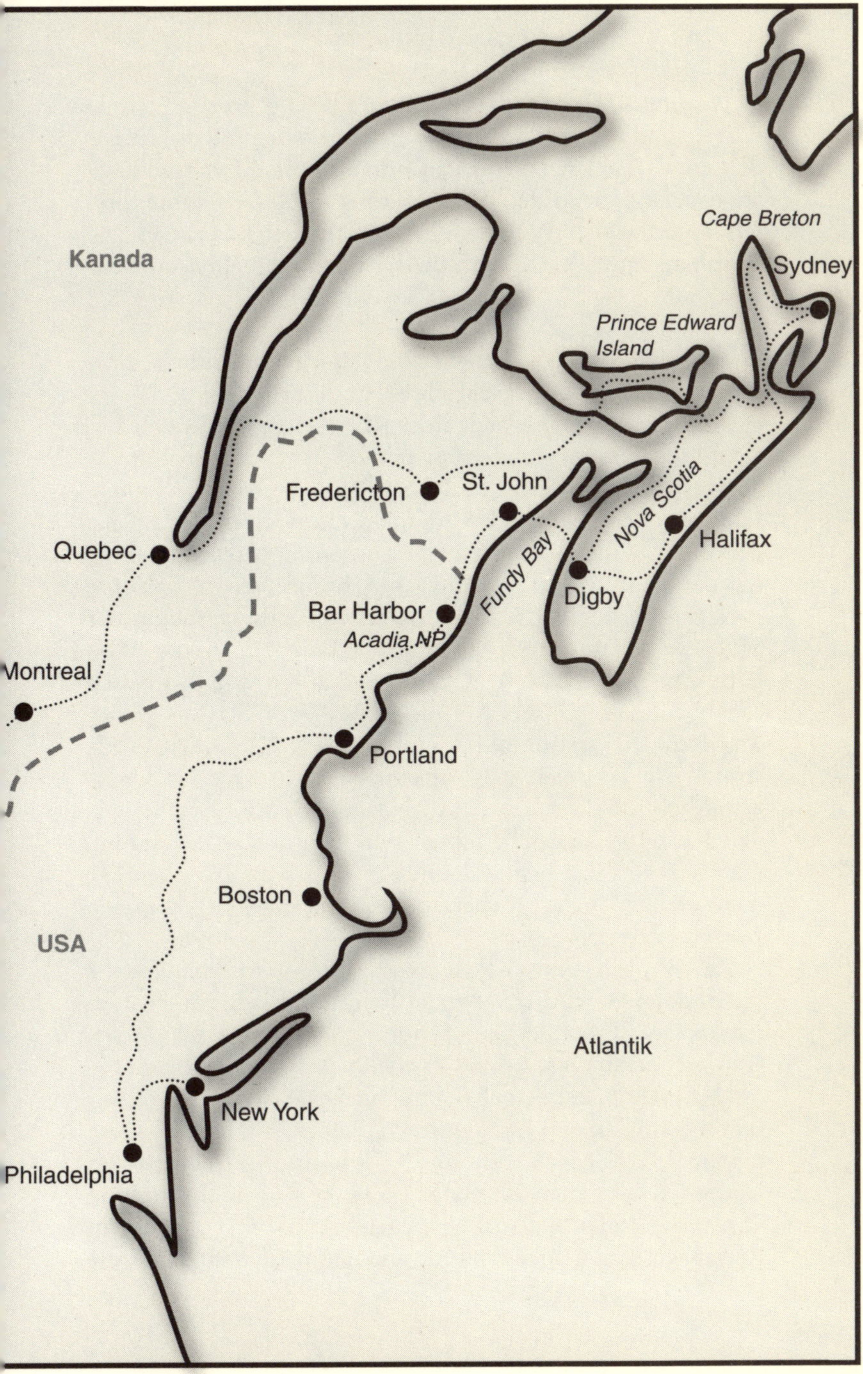
Kanada
Cape Breton
Sydney
Prince Edward Island
Quebec
Fredericton
St. John
Nova Scotia
Halifax
Fundy Bay
Digby
Bar Harbor
Acadia NP
Montreal
Portland
Boston
USA
Atlantik
New York
Philadelphia

Jedenfalls: Das Gepäck wanderte in die bereitgestellten Kisten, und wir hofften, dass alles vollständig und unbeschädigt am Ziel anlangen würde. Dann noch den Zweitschlüssel abgegeben, der an den Motorrädern verbleiben sollte, und wir waren wieder draußen. Hoffentlich blieb das das einzige Problem, denn ab morgen würden wir nicht mehr erreichbar sein.

Der erste Flug meines Lebens, und ich war erstaunlich gelassen. Ein gutes oder ein schlechtes Zeichen?

Wer weiß ... Kurz nach sieben Uhr morgens kamen wir am Flughafen an und fanden schnell den Schalter von US Airways im Terminal 1, Halle C. Wir waren die Ersten, selbst das Personal von US Airways war noch nicht da. Also warten. Als die Absperrbänder ausgerollt wurden, stellten wir uns an, und pünktlich um acht Uhr öffneten die Schalter.

Während der Wartezeit lasen wir die Hinweistafeln der Fluggesellschaft durch. Auf einer stand, dass man keine Gefahrgüter im Gepäck transportieren dürfe, eingeschlossen „komprimierte Gase". Die angekündigten Strafen waren drastisch: bis zu fünf Jahren Haft und 250.000 Dollar Geldstrafe. Also nahmen wir vorsichtshalber unsere Gasfeuerzeuge, als „Bakschisch" für Grenzübertritte gedacht, aus den Koffern. Vielleicht hätten wir sie mitnehmen dürfen, doch war uns das Risiko dann letztendlich zu groß. Außerdem: Da wir nicht rauchen, bedeuteten die Dinger keinen großen Verlust.

Enthält ein Zippo-Feuerzeug „komprimierte Gase"? Nein, denn es wird mit Benzin befüllt. So ließ ich das Geschenk von Freunden aus Schottland in der Hosentasche. Ganz schön subversiv. Und das bei meinem ersten Flug.

Der erste Schalter behandelte Sicherheitsfragen. Ob wir schon einmal in den USA gewesen seien? Ob wir Flüssigkeiten im Handgepäck hätten? Ob wir in Deutschland mit landwirtschaftlichen Betrieben Kontakt hätten? Dann ging es um die Aufenthaltsdauer. Jemand spazierte mit meinem Reisepass zu einem Kollegen, und die beiden steckten die

Köpfe zusammen. Worüber sie tuschelten, konnten wir nicht hören. Sie wurden sich schnell einig, pappten einen kleinen Aufkleber auf die Rückseite der Pässe, und schon konnten wir weiter zur Gepäckaufgabe.

Meine Gedanken kreisten derweil um die kleine Campingaxt im Koffer. Die war beim Durchleuchten sicher erstklassig zu erkennen. Das Dumme daran: An den Motorrädern konnte ich das Ding nicht lassen, da beim Transport keinerlei derartige Waffen mitgeschickt werden durften. Mit erhöhtem Puls stellte ich meinen Koffer auf das Band. Kein Alarm, kein Geschrei – die Axt war durch. Dann bekamen wir noch zwei schöne Plätze, für mich einen am Fenster. Na also, geht doch.

Frühstück. Manuela fragte einen Service-Mitarbeiter: „Sagen Sie mal, wo kann man denn hier lecker frühstücken?" Er, völlig entsetzt: „LECKER frühstücken? Am Flughafen? Wie sind SIE denn drauf?“ Schließlich gab er uns eine Art Geheimtipp, und wir wanderten zur Halle A, wo wir tatsächlich einigermaßen ordentlich frühstückten, eine letzte SMS bekamen und sendeten und dann feierlich das Handy den Eltern übergaben. Damit waren alle zukünftigen Kontaktmöglichkeiten abgebrochen.

Unser Flug wurde aufgerufen, die obligatorischen Abschiedstränen flossen. Alle Tascheninhalte plus Handgepäck in einen Korb, dann ab durch die Sicherheitsschleuse. Manuela kam ungehindert durch. Bei mir piepste es. Natürlich bei mir, bei wem sonst? Der Grund des elektronischen Alarms: die Gürtelschnalle und die Reißverschlüsse der Hose. Und das, obwohl Manuela die gleiche Hose trug. Das Handgepäck bereitete keine Probleme, unsere „Liquids“ waren ordnungsgemäß in einer wiederverschließbaren Plastiktüte. Ein bisschen Winken zu den Zurückbleibenden und weiter zum Abflugschalter C 8.

„Guten Morgen, willkommen an Bord.“ Es war ein Airbus A330-300. Irgendwie hatte ich mir so ein Flugzeug größer vorgestellt. Und nicht so eng. Zum Glück bekamen wir einen Zweiersitz, da stört man niemand, wenn man mal aufstehen will. Apropos: Aufstehen sollte man ohnehin nicht so oft, denn aus Sicherheitsgründen muss neuerdings der Gurt während der gesamten Flugzeit angelegt bleiben, was den Bewegungsfreiraum erheblich eingrenzt. Andererseits: Sehr viel Bewegungsfreiheit hat man in einem Sitz der Economyclass sowieso nicht.

Es dauerte nicht lange, und wir rollten los. Erst eine ganze Weile Richtung Westen, bevor wir drehten, kurz stoppten, die Turbinen aufheulten und wir mit einem Affenzahn über die Startbahn sausten. Die Besucherterrasse flitzte vorbei, und schon flogen wir. Wow! Ich war begeistert. Gestern Abend standen wir noch auf dem Main-Tower und schauten auf Frankfurt, jetzt saßen wir im Flugzeug und schauten auf den Main-Tower.

Wir stiegen und stiegen, und es war, als ob man auf eine Modelleisenbahn hinabschaut. Die Wiesen und Felder waren akkurat gegliedert, die Landschaft unterteilte sich in verschiedenfarbige Rechtecke. Ab und zu unterbrach eine Ortschaft die Idylle, oder ein Fluss schlängelte sich durch das grünbraune Farbenmuster.

Der Nordseestrand, Wasser, England. Ob England weiß, dass unser Herz eher für Schottland schlägt? Es sah fast so aus, denn wir wurden ordentlich durchgeschüttelt und rutschten von oben nach unten und von links nach rechts. Die Tragflächen des Airbus bogen sich durch, und es schien fast, als würde er mit Flügelschlag fliegen. Ich fand das alles höchst spannend und hatte gar keine Zeit für Reiseübelkeit.

Jalousie runter, Film anschauen, Entertainment-System erkunden. Wieso gab es keine Informationen zu Flughöhe, Außentemperatur, Fluggeschwindigkeit, momentane Position und so weiter? Hätte mich schon interessiert. Im Fernsehen bekommen die Passagiere so etwas immer zu sehen.

Über dem Atlantik nur Wasser weit und breit. Ein paar Wolken waren wie kleine Wattebällchen unter uns angepinnt, ihre Schatten schwebten ganz knapp darunter auf der

Wasseroberfläche. Ich hätte stundenlang zuschauen und die verschiedensten Wolkenformationen bestaunen können. Wolken sehen von oben noch schöner aus als von unten. Genial.

Irgenwann wurde Essen angerollt: Käse-Tortellini für mich, Hühnchenbrust mit Gemüse und Kartoffeln für Manu. Der Unterschied war nicht auf Anhieb zu erkennen. Gut, dass die Stewardess Bescheid wusste. Dazu gab es zwei Tütchen Knabberzeugs, ein paar Cracker, Frischkäse, Butter und Orangenkompott. Schmeckte alles gar nicht schlecht und viel besser, als es aussah.

Kurz vor Neufundland schaute ich wieder aus dem Fenster und entdeckte eine kleine Wolke. Ohne Schatten? Das war gar keine Wolke, sondern ein Eisberg. Na, da unten musste es aber kalt sein.

Bald kam Land in Sicht, es war ziemlich weiß. Man erkannte die Flussläufe sehr genau, denn das waren die dunklen Fäden, die sich durch die Landschaft schlängelten.

Die Zeit verging wie im Fluge (was für ein Wortspiel), es dauerte nicht mehr lange, und wir waren im Landeanflug auf Philadelphia. Der Sinkflug drückte stark auf die Ohren, einige Kinder schrien.

Kaum war der Passagierrüssel angedockt, sprangen alle sofort auf, als handelte es sich um eine Notevakuierung. Wie idiotisch. Als ob die Letzten wieder zurückfliegen müssten. Wir blieben entspannt sitzen und gingen als allerletzte Passagiere von Bord. Welcome to Philadelphia.

Mit traumwandlerischer Sicherheit erwischten wir den Schalter mit dem langsamsten Beamten. Murphys Gesetz? Die Reihe stand und stand.

Als alle Schalter für die US-Bürger schon leer waren, wurden wir von einem Officer zu einem dieser freien Schalter geschickt. Dort angekommen, scheuchte uns der Schaltermann wieder weg – Computerprobleme. Nächster Schalter. Ohne Computerprobleme. Dafür mit kaputtem Fingerscanner und verdrecktem Irisscanner. Er müsse Reiniger holen, meinte der Typ und schlenderte davon. „No problem", wir warten gerne. Kennen wir ja schon. Und gesessen haben wir im Flugzeug lange genug.

Wir warteten zwei Minuten, warteten fünf Minuten und warteten zehn Minuten, doch der Mensch kam und kam nicht wieder. Alle restlichen Schalter leerten sich und schlossen.

Der Officer vom Nachbarschalter kam herüber und fragte, was los sei. Wir erklärten es ihm, und er schnappte sich meinen Pass. Ich nannte unser offizielles Proforma-Rückflugdatum im Oktober, er trug mir die sechs Monate Aufenthaltsdauer ein. Zwischenzeitlich kam der andere Officer zurück, hatte jedoch keinen Reiniger dabei, sondern ein Stück Kuchen, das er genüsslich verspeiste. Hier gehen die Uhren langsamer als in Deutschland. Aber ruhig bleiben, denn der Immigration Officer sitzt am längeren Hebel.

Inzwischen waren wir die letzten Ankunfts-Mohikaner, alle anderen Schalter wurden bereits für die nächsten Ankömmlinge vorbereitet. Ob unsere Koffer noch auf dem Gepäckband kreisten und meine Tante, die uns abholen sollte, sich allmählich Sorgen machte?

„Mein" Officer kümmerte sich nun auch endlich um Manuelas Pass und trug das Aufenthaltsdatum ein. Drei Tage kürzer als bei mir. Weshalb? Who knows ... Störte uns nicht weiter, wir hatten die gewünschte Aufenthaltsdauer.

So, das war also die berühmt-berüchtigte Immigration, vor der in den Internet-Foren so dringlich gewarnt wurde, weil diese Herren Immigration Officer die endgültige Aufenthaltsdauer festlegen. Da hatte uns das Rückflugticket sicher geholfen. Zumal Hin- und Rückflug nur 50 Euro teurer waren als das One-Way-Ticket. Den Nachweis von ausreichenden Finanzmitteln wollte übrigens keiner sehen.

Danach nichts wie ab in die Gepäckhalle. Dort drehte ein leeres Band monoton seine Runden. Wo war unser Gepäck? Es lag in einer Ecke der Halle zusammen mit einem Berg weiterer Koffer und Taschen. Weiter zum Zollschalter. Doch auch dort holte uns Murphys Gesetz ein: Ob wir schon bei der Gepäckkontrolle waren? Nein? Na, dann wieder zurück.

An der Gepäckkontrolle musste alles geöffnet werden: Taschen, Koffer und Handgepäck. Siedend heiß fiel mir die Campingaxt ein. Was sagen, wie erklären? Die Officerin zog ihre Handschuhe an und begann, vor allem die Klamotten zu durchsuchen. Der Gürtelholster mit der Campingaxt fiel ihr nicht negativ auf. Deckel zu, alles klar, Glück gehabt.

Nun aber endlich nach draußen, wo meine Tante schon sehnsüchtig auf uns wartete. Über eine Stunde hatte die Abfertigung gedauert. „Das am Immigration-Schalter war einfach Pech“, sagte sie. „Und dass euer Gepäck so genau untersucht wurde, liegt an eurer langen Aufenthaltsdauer. Die Amerikaner gehen immer davon aus, dass derjenige, der in ihr schönes Land kommt, nicht mehr gehen will.“

Doch nun waren wir drin und durften bis Mitte Oktober im Land der unbegrenzten Möglichkeiten bleiben. Unser erster Eindruck: trist. Deutschland hatten wir bei schönstem Frühlingswetter verlassen, und Philadelphia zeigte sich grau in grau. Vielleicht drückten aber auch die Müdigkeit und der Jetlag aufs Gemüt.

Da kam auch schon mein Cousin mit seinem riesigen Pick-up angedonnert. Er hatte keinen Parkplatz bekommen und über eine Stunde lang seine Runden gedreht. Die Koffer kamen auf die Ladefläche, während wir uns auf die Rückbank der Doppelkabine quetschten.

„Kleine Stadtrundfahrt gefällig?“, lautete seine erste Frage. Aber klar doch. Also ging es zunächst kreuz und quer durch die Geburtsstadt der Vereinigten Staaten. (In der Unabhängigkeitserklärung der Vereinigten Staaten von Amerika (Declaration of Independence) vom 4. Juli 1776 verkündeten die 13 britischen Kolonien in Nordamerika ihre Loslösung von Großbritannien und ihr Recht, einen eigenen souveränen Staatenbund zu bilden.)

Vorbei an der Liberty Bell schlängelten wir uns zwischen Hochhäusern entlang und landeten vor der „Rocky-

Treppe", wo tagtäglich Touristen in Rocky-Manier die Stufen hochrennen und oben herumhüpfen wie Silvester Stallone in seinen besten Zeiten. Und weil es ebenfalls zu Amerika gehört, bekamen wir auch die Gegenden gezeigt, in denen man nach Einbruch der Dunkelheit nicht mehr sein sollte.

Die 1,5-Millionen-Einwohner-Stadt Philadelphia ist gewachsen und leider mittlerweile ein gefährliches Pflaster geworden. Im Jahr 2006 wurden 406 Menschen getötet, Mitte April 2007 waren es bereits wieder 132 Opfer. Es vergeht kaum ein Tag bzw. eine Nacht, in denen es keine Morde gibt.

Um acht Uhr abends oder „8:00 p.m.", wie die Amis sagen, fielen wir ins Bett. In Deutschland war es inzwischen 2.00 Uhr nachts, und dieser Tag war der erste in meinem Leben, der echte 30 Stunden hatte.

Am Tag nach unserer Ankunft fegte ein „Nor'easter" über das Land und brachte Überschwemmungen und Kälte mit sich. (Ein Nor'easter, oft fälschlich Northeaster genannt, ist ein Sturm, dessen Winde aus nordöstlicher Richtung wehen und hauptsächlich an der Küste im Nordosten der Vereinigten Staaten und den atlantischen Provinzen Kanadas auftreten. Das Ganze ist ein Tiefdruckgebiet, dessen Rotationszentrum knapp vor der Küste liegt und das meist über Land aus Nordosten stürmt. Es kann Überflutungen, Küstenerosionen und Orkanböen verursachen.)

Uns passte das ganz gut. Bei dem Sauwetter gab es nichts zu unternehmen, und so hatten wir wenigstens einen ruhigen Einstieg und konnten uns langsam eingewöhnen. Auch der Jetlag verabschiedete sich klamm und heimlich.

Was nicht kam, waren die Motorräder. Ob das etwas mit dem Sturm zu tun hatte? Wir hatten für den Nachmittag einen Termin im Büro unserer Spedition in Philadelphias Süden vereinbart, um die Anlieferung der Maschinen zu klären. Der Kontaktmann hieß Ray, und wir waren heilfroh, dass meine Tante uns begleitete. Abgesehen von der Fahrerei durch ganz Philadelphia benötigten wir sie als Dolmetscher.

Dieser Ray sprach wie ein Maschinengewehr und in einem Slang, der uns annehmen ließ, wir könnten kein Wort Englisch.

Ray schaute in den Computer und bestätigte, dass die Motorräder im Moment auf dem Weg von New York nach Philadelphia seien und morgen im Laufe des Tages ankommen würden. Schon mal ganz gute Nachrichten. Wir ließen ihm 100 US-Dollar für den Zoll da und vereinbarten, dass die Motorräder am Mittwochvormittag zu Tantes Haus geliefert werden sollten.

Der große Tag, die Motorräder würden heute ankommen. Unversehrt? Gepäck komplett? Wir waren ziemlich aufgeregt.

Das Telefon klingelte, die Spedition war dran. Sie fragten, wie viele Männer im Haus seien, denn sie bräuchten mindestens zwei Mann zum Abladen. Weshalb zwei Männer? Mussten wir die beiden Kawas vom Laster heben? Darf in den USA der Fahrer nicht mithelfen? Wir konnten jedenfalls nur einen Mann im Haus bieten – mich. Und das musste reichen.

Bei jedem Bremsenquietschen vor dem Haus sprangen wir ans Fenster, die Ungeduld wurde immer größer. Dann hielt ein weißer Lieferwagen – na endlich. Der Truck hatte glücklicherweise eine Mini-Hubbühne, und gemeinsam mit dem Fahrer schafften wir es, die Motorräder sicher auf amerikanischen Boden zu bugsieren. Sie hatten nicht den kleinsten Kratzer, auch die drei großen Kartons mit unserem Gepäck waren vollzählig und unbeschädigt angekommen. Puuh, was für eine Erleichterung.

Manuela: Eigentlich war es ganz gut so, dass wir wetterbedingt nicht so oft rauskamen. Da wir beide noch nie auf der anderen Seite der Erde waren, geriet unser Einstieg in diese weite, große, bunte Welt sehr gemächlich, und wir hatten Zeit, uns auf alles Neue einzustellen. Wie man tankt, wie man Geld holt, wie langsam man auf den Straßen fährt, die

Freundlichkeit und das oft gehörte „Have a nice day“, wie geduldig man an den Supermarktkassen ansteht. Überhaupt Supermärkte: Auch dort war alles viel größer und voluminöser als in good old Germany. Milch und Säfte gab es in Gallonen, die Süßigkeiten waren quietschbunt, Schinken hatten die Größe eines Kleinkindes. Entsprechend groß waren auch die Kühlschrankformate, wovon ich ganz fasziniert war. Was man in diesen unendlichen Weiten alles lagern kann ...

23. April – The Big Apple

Matthias: Für ein paar Nächte hatten wir uns ein Motel in New Jersey gebucht. Denn wenn man schon mal an der Ostküste ist, sollte man sich New York nicht entgehen lassen. Eine Stadt, die polarisiert, polarisieren muss.

Wir kamen am Morgen zur Path Train Station und wurden von Polizisten mit Maschinenpistolen empfangen. Etwas mulmig wurde uns zumute. Zumal alle Polizisten ganz grimmig dreinschauten. Vielleicht ist das ja hier normal, überlegten wir. Seit 9/11 tickt die Welt ohnehin anders. (9/11 ist die amerikanische Datumsschreibweise für den 11. September und wurde zum Synonym für die schrecklichen Anschläge auf die Zwillingstürme des World Trade Centers am 11. September 2001, bei denen über 3.000 Menschen ums Leben kamen.)

Wir hatten uns zwei dieser Mehrtagestickets für einen Hop-on-Hop-off-Bus gekauft und fuhren zuerst mit dem Downtown-Tourbus in Richtung südliches Manhattan. Auch hier standen an allen Straßenecken bewaffnete Polizisten, und als wir am Hotel Waldorf Astoria vorbeikamen, wussten wir warum: Der US-Präsident war in der Stadt.

Nach einer Bootstour um den Südzipfel Manhattans und einer Night-Loop-Bustour kamen wir nach Einbruch der Dunkelheit wieder am Times Square an. Die Lichter, die Reklameschilder und -leinwände blinkten, funkelten und strahlten um die Wette, es war einfach nur überwältigend, dieses „Chaos“ anzuschauen.

Zum Schluss stand noch ein letzter Punkt auf dem Programm: das Empire State Building. Der Ausblick war gigantisch und faszinierend. Wie muss das wohl ausgesehen haben, als die beiden Türme des World Trade Centers noch standen? Man kann es sich nicht vorstellen. Und eigentlich möchte man es sich auch nicht vorstellen, wie die Bevölkerung und die Besucher damals den 9/11 erlebten.

Manuela: Der Wecker klingelte uns wach, der Path Train brachte uns in die 33. Straße, mitten nach Manhattan. Einen Sitzplatz in der Subway zu bekommen, ist in New York ein Glückstreffer. Egal, ob man morgens oder abends mit der U-Bahn fährt -- die Pendler sind stets müde. Viele haben die Augen geschlossen, die unvermeidlichen Stöpsel in den Ohren, konzentriert auf ihre Musik. Ein paar sind wohl schwerhörig, und so hört man als Mitfahrer gezwungenermaßen Heavy Metal neben Bollywoodmusik. Eine interessante Mischung. Ätzend wird es, wenn dazu laut mitgesungen wird. Vor allem bei einem Musikstil, den man nicht mag und bei dem jede Zeile mit „fuck" beginnt.

Die unterschiedlichsten Menschen aus aller Herren Länder lassen sich unauffällig beobachten, so wie man ganz sicher selbst ebenfalls „unauffällig" beobachtet wird. Hinter jedem Gesicht eine eigene Story. Die Asiatin, die ständig gähnt; die Schwarze, die mit ihrem Babybauch einen Sitzplatz bekommen hat; die Lateinamerikanerin, die eine Viertelstunde versucht, eine Seite in ihrem Buch zu lesen; der Südamerikaner, der gerade eine weitere Zahl in seinem Sudoku ausgeknobelt hat; der Europäer, der sich ebenso unauffällig umschaut wie ich.

Es gibt unglaublich viele Menschen in dieser Stadt. Und alle haben es eilig. Männer tragen farbenfrohe Krawatten, Frauen sehen aus wie aus dem Ei gepellt und trotzdem individuell. Bewaffnet mit Laptoptasche, Handy oder MP3-Player in der einen Hand, einem Coffee-to-go in der anderen und der Zeitung unterm Arm. Am besten reiht man sich in den Menschenstrom ein, der in die gewünschte Richtung fließt und schwimmt zügig mit. Straßen überquert man, wenn gerade eine Verkehrslücke ist. Ampeln? Wozu das denn? Nur Newbies und Touristen bleiben an einer roten Ampel stehen und warten auf das Go-Zeichen. Die New Yorker sagen, es gebe bei ihren Fußgängerampeln drei Phasen: „Stop", „Go" und „Run for your life".

Trotz aller Geschäftigkeit fiel mir angenehm auf, dass weder gedrängelt, gerempelt noch geschubst wird. Kommt jemand einem zu nahe, ertönt sofort ein „excuse me", obwohl man in den meisten Fällen selbst derjenige war, der dem anderen in die Quere kam, weil man mit Schauen und Staunen beschäftigt war. Der Privatbereich eines jeden wird geachtet, man ist darauf bedacht, niemandem zu nahe zu kommen.

Matthias: Für den folgenden Nachmittag war Regen angekündigt, und so legten wir die „Draußen-Sachen" auf den Vormittag. Das war eine gute Entscheidung, wie sich noch zeigen sollte.

Durch Soho, Little Italy und Chinatown zur Ecke Fulton & Broadway. Dort steht eine kleine Kirche, in der einige Andenken an die Geschehnisse vom 11. September 2001 aufgebaut sind. In dieser Kirche wurden Notunterkünfte eingerichtet, in denen sich Helfer und Retter ein wenig ausruhen konnten.

Ich erinnere mich noch sehr gut daran, wie das damals für mich war. Ich saß in der Arbeit, wir hatten dort kein Radio. Meine Eltern riefen an und fragten, ob ich Nachrichten hörte, es sei ein Flugzeug ins World Trade Center geflogen.

Naja, dachte ich damals, ins Empire State Building ist schon mal ein Flugzeug reingeflogen. Doch als ich nach Hause kam und den Fernseher einschaltete, traf mich der Schlag. Obwohl New York so weit weg war und ich niemanden dort kannte, kamen mir die Tränen, als ich sah, wie die Menschen in purer Verzweiflung aus den Fenstern sprangen.

Und nun stand ich in dieser kleinen Kirche, umringt von den stummen Zeitzeugen der Geschichte.

An den Wänden hingen die Zettel mit den Vermisstennachrichten und den Fotos. Menschen standen neben mir, sie weinten. Vielleicht hatten sie einen Angehörigen verloren oder waren einfach nur wie ich unendlich traurig, dass so viele Menschen ihr Leben lassen mussten, weil ein paar Glaubensfanatiker Macht demonstrieren wollten.

War das tatsächlich so? Im Laufe unserer Reise sollten wir noch des Öfteren von der „anderen Wahrheit“ lesen.

Ground Zero war eine Baustelle. Ringsherum standen riesengroße Häuser, die Zwillingstürme hatten diese weit überragt. Unvorstellbar. Überall diese engen Straßen und Schluchten zwischen den Wolkenkratzern. Eigentlich ein Wunder, dass nicht noch mehr passierte. Direkt vor dem Ground Zero standen Händler und wollten uns Fotos verkaufen, auf denen die Flugzeuge in die Türme krachten. Makaber.

Wir gingen in Richtung Battery Park weiter und machten kurz Stopp an der Trinity Church. Ich finde es toll, dass so kleine Kirchen bestehen bleiben, wo doch die Grundstückspreise im Financial District mit die höchsten weltweit sind. Danke dafür.

Manuela: Auch wenn ich Städte nicht besonders leiden kann – New York ist eine Stadt, die man gesehen haben muss. Diese Menschenmassen (es war noch nicht einmal Touristensaison), die hohen Wolkenkratzer, dass einem beim Betrachten das Genick weh tat, überall Lärm, Musik und Gehupe, an jeder Straßenecke roch es anders.

Seit dem 11. September 2001 ist die Skyline nicht mehr typisch New York, man vermisst unwillkürlich die Twin Towers des World Trade Center, auch wenn man noch nie zuvor in der Stadt war. Sie gehörten zum Bild einfach dazu, nun blickt man an ihrer Stelle in den leeren Himmel. Egal, welches Gebäude man stattdessen dorthin setzen wird – diese Stadt wird nie wieder wie vorher sein. Die ganze Welt wird nie wieder wie vorher sein.

18. Mai – We're on the road

Matthias: Wir hatten es geschafft, wir waren unterwegs. Und das schon seit gestern. Aus den geplanten zwei Wochen in Philadelphia waren fast fünf geworden. Wir hatten Ausflüge ins Amish-Land und nach Atlantic City gemacht, wo der Atlantik noch so beißend kalt war, dass es uns fast die Fußnägel hochrollte. Ein abgelöster Retainer an Manuelas Zahn musste noch geklebt werden, und wir hatten unwahrscheinliches Glück, noch am gleichen Abend einen Termin und eine Behandlung mit „no charge“ zu bekommen, da der Zahnarzt Reisende gerne unterstützte.

Wir hatten Familienfeste gefeiert und uns im Hongkong Chinese Buffet die Bäuche vollgeschlagen. Doch wir waren ja nicht gekommen, um zu bleiben, und so waren wir gestern Vormittag bei angenehmen Temperaturen und blauem Himmel, aber mit einem dicken Kloß im Hals gestartet. Je länger man an einem Ort bleibt, und je mehr man die Menschen lieb gewinnt, umso schwerer fällt der Abschied. Eine Lektion, die wir während unserer Reise noch des Öfteren lernen sollten.

Unser Weg führte uns abseits der großen Highways auf kleinen Nebenstraßen nach Montgomery (New York), wo wir heute Morgen die Werkstatt von „Orange County Choppers“ besuchten. Die Familie Teutul ist vielen Menschen aus dem Fernsehen bekannt und schart eine riesige Fangemeinde um sich. Die Sendungen über den Bau von mitunter extremen Motorradumbauten werden in über 160 Ländern ausgestrahlt. Und so pilgern natürlich ständig Fans der Teutuls nach Montgomery. Wohl deshalb konnten die Protagonisten der Serie nicht permanent vors Haus kommen und die Besucher begrüßen. Leider.

Im Shop standen etliche Themen-Bikes, deren Entstehung man in den Sendungen mitverfolgen konnte – mal flippig, mal extravagant, mal extrem. Interessant anzusehen, aber für uns eher ungeeignet, denn da passten ja nicht mal Alukisten dran.

Wir mieteten uns in einem B&B ein. Im ältesten Haus des Ortes, wenn nicht gar im ältesten Haus der ganzen USA. Das Bett stammte garantiert aus der Entstehungszeit. Es fühlte sich an wie ein riesiger Berg aus Stroh. Berg deswegen, weil in der Bettmitte der höchste Punkt war, und die Matratze zu beiden Seiten hin abfiel. Ein interessantes Schlafgefühl in diesem uralten Bett, in diesen alten Gemäuern. Der Dielenboden knarzte bei jedem Schritt, der Kamin, der leider nicht befeuert war, machte zumindest optisch eine heimelige Stimmung, und das antike Mobiliar versetzte uns in der Zeit um zweihundert Jahre zurück.

Nach einer angenehmen Nacht fuhren wir über Nebenstraßen und durch dichte Wälder nach Woodstock. Genau: In DAS berühmte Woodstock, wo wir aber nichts von der großen Hippiezeit fanden.

Wir hatten gerade in einem kleinen Motel in Kingston eingecheckt und waren beim Abladen der Motorräder, als wir von einem Motorradfahrer-Paar angesprochen wurden. Sie freuten sich, als sie von unserer geplanten Reise hörten, und es stellte sich heraus, dass sie zu den Christlichen Motorradfahrern gehörten. Wir plauderten eine Weile auf dem Parkplatz, dann mussten die beiden weiter. Zur Verabschiedung versprachen sie, uns in ihre Gebete einzuschließen, damit uns auf unseren Wegen nichts passieren möge. Wie schön.

Es war heute zwar nur eine sehr kurze Tagesetappe, doch hatten wir noch eine Aufgabe zu erledigen. Liebe reiseerfahrene Leser, jetzt bitte nicht lachen: Aber wir mussten ein Paket packen und nach Deutschland schicken. Ob wir beim Familienurlaub in Philly zu viele Klamotten gekauft hatten? Jedenfalls platzten die Alukoffer aus den Nähten, und wir sortierten kräftig aus. Uns wurde klar: Man schleppt eben immer viel zu viel mit, auch wenn man meint, man hätte sich aufs Mindeste beschränkt.

Manuela: Als wir heute Morgen die Motorräder beluden, sprach uns ein älterer Herr an. „Woher kommen Sie, wohin wollen Sie?“ Nach und nach fand ich meine Vokabeln wieder, die Plauderei wurde interessant. Eddies Großeltern stammten aus Irland und hatten sich in dieser Gegend niedergelassen.

Die Fahrt bis Kingston war angenehm. Wenig Verkehr, gute Straßen, trockenes Wetter – ich gewöhnte mich langsam an das Gewicht der Kawasaki, fuhr gelassener. Doch gab es immer noch die eine oder andere Situation, in der ich mir einfach zu wenig zutraute. Das würde mit zunehmender Fahrpraxis alles noch kommen.

Nach einem kurzen Stopp an einem Supermarkt wurden wir am Ausgang von einem tätowierten Kerl angesprochen. „You are the guys with the bikes?“ Wir bejahten etwas misstrauisch und bekamen ein Lächeln mit positiv gehobenem Daumen. Mit einem „Cool!“ war er auch schon an uns vorbei und weg. Kaum unterwegs und schon so viele interessante Begegnungen an einem Tag. Wie würde das wohl weitergehen?

Matthias: Nachdem wir tags darauf unser Paket aufgegeben und das Post Office verlassen hatten, begann es zu regnen. Und es sollte den ganzen Tag nicht mehr aufhören. Okay, dies würde sicher nicht unser letzter Regentag sein, und irgendwann ist immer das erste Mal. Kneifen galt nicht.

Die Motorräder waren gepackt, wir zwängten uns in die Regenklamotten und fuhren den ganzen Tag durch wechselnde Graustufen. Hatte auch seinen ganz eigenen Reiz. So lange die Klamotten dicht bleiben, mag ich das Regenfahren eigentlich ganz gerne. Es prasselt auf den Helm, es sind nicht so viele Menschen unterwegs, und überhaupt ist man noch ein Stückchen mehr mit sich alleine.

Unser Weg führte weiter nordwärts, vorbei an den Catskill Mountains, einem beliebten waldreichen Erholungsgebiet für die New Yorker. Das Wetter schien sich an Eintönigkeit überbieten zu wollen. Nur die Intensität des Regens variierte gelegentlich.

In Glenns Falls, östlich der Adirondack Mountains, fanden wir ein nettes Motel. Ob die uns gleich wieder rausschmeißen würden, mit unseren triefnassen Klamotten auf ihrem dicken roten Teppich vor der Rezeption? Doch nichts dergleichen. Auf das obligatorische „How are you?“ fiel uns spontan „Wet!“ ein, und schnell war das Eis gebrochen. Bevor wir nach dem Zimmerpreis fragen konnten, standen zwei heiße Kaffee und ein Stapel Handtücher auf dem Tresen, damit wir uns schon mal ein bisschen aufwärmen und trocknen konnten.

Klare Sache, dass wir bei einem so freundlichen Empfang blieben. In der dem Motel gegenüberliegenden Sportsbar gab es leckeres Regionales zu essen. An allen Sitzgruppen waren Bildschirme angebracht, bei fast allen Gästen liefen irgendwelche Sportarten, meist Baseballübertragungen. Außer an unserem Tisch. Wir wählten den Wetterkanal. Der war viel interessanter und erfreulicher: In den nächsten Tagen sollte es wieder schön werden.

Es blieb bei dem einen Regentag, allerdings fielen die Temperaturen. Gegen Kälte kann man sich wärmer anziehen, und Klamotten hatten wir genügend dabei. Die Route führte durch das grüne Vermont, wo sich die letzten Schneereste an die Hänge klammerten. Hier regierte der Wintersport, denn die meisten Orte bestanden fast nur aus Hotels und Ski-Stationen, die jetzt aber alle geschlossen waren.

Das schmale graue Band der Straße durchzog eine schier undurchdringliche grüne Natur. Der Indian Summer muss in diesen riesigen Waldgebieten beeindruckend sein. (Der Indian Summer ist die Zeit im Spätsommer und Frühherbst in Kanada und in den Neuenglandstaaten sowie in Teilen Alaskas und im Mittleren Westen der USA, in der das typische Farbenspiel der orangeroten Wälder auftritt. Bei blauem Himmel sinkt die Temperatur zunächst auf den Gefrierpunkt, um danach wieder auf bis zu 20 Grad Celcius zu steigen.)

Da Vermont geschlossen hatte, visierten wir New Hampshire an und rollten durch ein verschlafenes Dörfchen namens Danbury, wo vor einem großen Haus die Fahnen aller Alpenländer wehten. Anklopfen am „Inn at Danbury“ – keine Reaktion. Weiter zu einem Campingplatz – geschlossen bis Juni. Also zurück nach Danbury zu den wehenden Fahnen. Diesmal mit mehr Glück: Robert und Alexandra hießen uns herzlich willkommen. Die beiden leiteten nicht nur das Gästehaus, sondern auch das angegliederte „Alphorn Bistro“. Wie der Name schon sagt: ein Bistro mit überwiegend alpenländischer Speisekarte.

Außerhalb der Saison waren wir die einzigen Gäste, und es blieb viel Zeit für Plaudereien. Wir sollten doch noch zwei Wochen bleiben, empfahlen Robert und Alexandra, dann sei die „Laconia Motorcycle Week“ mit über 250.000 Bikern. Danach könnten wir noch das „Best-of-Wurst-Festival“ miterleben. 250.000 Menschen und fette Würste? Nein, lieber nicht.

Manuela: Ich werde nie den Ort Bridgewater in Vermont vergessen, wo ich mir – warum auch immer – einen „Oyster Stew“, einen Austern-Eintopf, bestellte. Mir war kalt, und ich freute mich auf eine schöne heiße dicke Suppe. Was kam, war eine wässerige Milchbrühe, in der elf graue Dinger schwammen, die anscheinend die Oysters darstellen sollten. Der Hunger trieb's rein, und mich schüttelt es noch heute beim Gedanken daran. Immerhin: Auf der Weiterfahrt war mir so heiß in der Magengegend, dass mir die Kälte nichts mehr ausmachte. Trotzdem: nie wieder Oyster Stew.

Matthias: Am nächsten Tag weiter nach Maine, in den bisher schönsten Bundesstaat. Na ja, zumindest von den paar, die wir bisher sahen. Könnte auch am Atlantik gelegen haben, den wir in Portland wieder erreichten. Wir lieben beide das Meer und die Seeluft und den in Meeresnähe immer vorhandenen Wind.

Bei angenehmen Temperaturen fuhren wir von Portland, der mit zirka 60.000 Einwohnern größten Stadt in Maine, an der Atlantikküste auf dem Highway 1 nordwärts bis Wiscasset und mieteten uns für eine Nacht im Camp Chewonki ein. Auch dort war noch totale „tote Hose“ wie in Vermont und New Hampshire. Die Saison würde erst am Wochenende zum Memorial Day beginnen, sagte man uns. Dann öffneten auch alle Campgrounds, und an den verlängerten Feiertagswochenenden könne es schon mal passieren, dass man ohne Voranmeldung keinen Stellplatz mehr bekäme. (Der Memorial Day hat seinen Ursprung im amerikanischen Bürgerkrieg. 1868 erklärte General John Logan den 30. Mai zum Feiertag. Ursprünglich wurde an diesem Tag der toten Soldaten des Bürgerkriegs gedacht, nach dem Ersten Weltkrieg jedoch auf alle amerikanischen Kriegsgefallenen erweitert.)

Die Anlage mit ihrem meerwassergespeisten Pool lag traumhaft, und wir suchten uns einen großen Stellplatz mit Blick auf die Atlantikausläufer und die umliegenden Wälder aus. Da jeder Platz seine eigene Feuerstelle besaß, mussten wir uns darum keine Gedanken machen. Feuerholz konnte man entweder selbst mitbringen oder vor Ort kaufen. Natürlich nutzten wir die Chance und entzündeten gleich nach dem Zeltaufbau ein Feuerchen. Die Vögel zwitscherten, die Sonne versank, die Sterne funkelten über uns, das Feuer prasselte, und die Grillen begannen ihr Konzert. Was braucht man mehr?

Manuela: Gestern Abend war ich so müde, dass ich beim Wetterbericht vor laufendem Fernseher einnickte. Wir verließen Vermont mit seinen sattgrünen Wäldern und seinen dunklen Bergen. Die Namen der Berge, Flüsse und Seen klingen sehr indianisch. Bis auf den Mt. Madness, an dem wir vorbeikamen. Ob es eine interessante Geschichte dazu gibt, wie der Berg zu seinem Namen kam?

Wir fuhren durch beschauliche Dörfchen mit diesen typisch amerikanischen Häusern mit großer Veranda davor. Eine Oma saß auf ihrem Schaukelstuhl und schaute uns nach. Es roch nach frisch gemähtem Gras. Bauarbeiter blickten verdutzt Matthias hinterher, ich erntete das anerkennende Nicken oder Lächeln.

Überhaupt waren die Bauarbeiten sehr gut organisiert: Man wurde früh genug durch riesige orangefarbene Schilder auf die Straßenarbeiten hingewiesen, für Motorradfahrer gab es sogar extra Hinweistafeln, dass die Straße angefräst sei und man vorsichtig fahren sollte.

22. Mai – Zeckenalarm

Matthias: Als wir heute Morgen an unserem Tisch saßen und frühstückten, beschlossen wir, eine Nacht dranzuhängen und einen Tagesausflug zu unternehmen. Pam und Ann – die beiden Schwestern betrieben das Camp – freuten sich und gaben uns Tipps für Ausflüge in die Region. Wir entschieden uns für die ruhige Variante und fuhren zum Pemaquid Lighthouse. Dort hätten wir stundenlang sitzen und dem Rauschen des Meeres und dem Schreien der Möwen lauschen können.

Am Abend schürten wir wieder unser Feuerchen, kochten unser Essen und ließen es uns extrem gut gehen. Als ich in den Schlafsack krabbelte, fühlte ich eher durch Zufall diese kleine Erhebung an meiner Hüfte. Ein Pickel? Eine Hautabschürfung?

Es ließ mir irgendwie keine Ruhe, ich musste einfach nachschauen. Also kramte ich meine Stirnlampe raus und stellte mit Erschrecken fest, dass sich da eine verdammte Zecke in meiner Haut festgebissen hatte. Es musste passiert sein, als wir gemütlich am Lagerfeuer saßen. Das Bein hochgekrabbelt, am Hosenbund nicht weitergekommen und dann festgebissen.

Nun war sie tot, total platt, aber sie hing fest. Wo war die Zeckenkarte? Ich wusste, wir hatten sie dahin getan, wo wir sie gleich zur Hand hätten. Aber wo war das gewesen?

Zum Glück hatten wir zwei Zeckenkarten dabei, die zweite war im Erste-Hilfe-Päckchen an Manuelas Motorrad. Manu konnte die Zecke komplett entfernen, doch sah die Bissstelle nicht toll aus: Ungefähr zwei Zentimeter im Durchmesser, völlig gerötet, zur eigentlichen Bissstelle hin bläulich und weißlich wie eine Zielscheibe.

Die Aufregung war groß, ich hatte keine Lust auf Borreliose, die in den USA „Lime-disease“ genannt wird. (Lyme-Borreliose ist die auf der nördlichen Halbkugel am meisten von Zecken übertragene Krankheit.) Aber heute Nacht konnten wir sowieso nichts mehr machen, und so vertagten wir die weitere Planung auf den nächsten Tag. Das Einschlafen fiel schwer, irgendwann kam die Müdigkeit, ich dämmerte weg.

Auch am Morgen sah die Bissstelle nicht besser aus, meine Laune ebenso. Wir entschieden, unterwegs eine Pharmacy zu suchen und uns beraten zu lassen. Also weiter den Highway 1 nordwärts, Ziel Bar Harbor, von wo wir mit der Fähre nach Nova Scotia übersetzen wollten, zu dieser riesigen Fast-Insel vor der Westküste Kanadas. Murphys Gesetz sagt: Du siehst etwas ständig. Wenn du es jedoch dringend brauchst, ist es verschwunden. Das gilt auch für Apotheken. Es war einfach keine zu finden.

Bei Rockport endlich eine Pharmacy, man schickte uns gleich weiter zum Medical Center. Auch gut. Wir saßen in der Notaufnahme, und ich war froh, dass es hier nicht so chaotisch zuging, wie im Emergency Room aus der gleichnamigen Fernsehserie.

Wir kamen schnell dran und wurden gut beraten. Es gibt in der Region wohl mehrere Zeckenarten („Ticks“ genannt), aber nur eine Sorte überträgt die gefährliche Lyme-Krankheit. Innerhalb der ersten 36 Stunden nach dem Biss ist die Gefahr relativ gering, und sie verabreichen ein Antibiotikum, weil sie damit die besten Erfahrungen gemacht haben.

Ich war beruhigt. Dann gab mir der Doktor zwei Tabletten. Ausgerechnet MIR! Und auch noch SCHLUCKEN! Zaghafte Frage, ob ich keine Spritze bekommen könnte? Nein, es gebe nur die Tabletten, die ich innerhalb der nächsten zwölf Stunden nehmen sollte. Und das, wo ich keine Tabletten runterbekomme, egal wie klein die Dinger auch sein mögen.

Der Doktor wünschte uns noch eine sichere Reise und

wandte sich den drei Motorradunfällen zu, die gerade hereingekommen waren. Kein Wunder, wenn man sieht, wie die hier Motorrad fahren: dünne Stoffhose, T-Shirt und Basecap auf dem Kopf. Auch wenn es hart klingt: In diesen Fällen kann ich kein Mitleid zeigen. Wer so leicht bekleidet fährt, muss eben auch mit größeren Schäden rechnen. Das ist nun mal die andere Seite der hochgelobten Freiheit, mit der sie ihre in den meisten Bundesstaaten nicht vorhandene Helmpflicht rechtfertigen.

Wir waren noch ein, zwei Stunden im Sattel und suchten uns dann ein nettes Motel, damit ich in Ruhe meine große Aufgabe angehen konnte. Und was soll ich sagen? Das mit dem Tablettenschlucken hat natürlich nicht geklappt. Das Wasser war wie immer ruckzuck weg und die Tablette noch im Mund. Egal, wie weit nach hinten ich sie schob. Mit jedem weiteren Versuch schmeckte sie bitterer. Schließlich zerbrach ich sie in viele kleine Teile, dann ging es endlich. Tja, offensichtlich reine Kopfsache.

Wir fuhren am nächsten Tag vollends das kurze Stück nach Bar Harbor und dort gleich zum Fährhafen, um uns nach der Überfahrt zu erkundigen – das Memorial-Day-Wochenende stand bevor. Am Fähranleger überraschenderweise gähnende Leere. Wir erfuhren, dass auch hier die Saison noch nicht begonnen hatte und die Fähre „The Cat“ erst ab dem 4. Juni nach Nova Scotia fahren würde.

Bis zu unserem Hochzeitstag wollten wir allerdings nicht warten und beschlossen, am folgenden Tag den Acadia-Nationalpark zu erkunden, dann weiter nach New Brunswick (Kanada) zu fahren und von dort nach Nova Scotia überzusetzen.

Die meisten Campingplätze waren noch geschlossen, die Temperaturen hielten sich tapfer zwischen zehn und 15 Grad. Also blieb uns nur die Suche nach einem günstigen Motel etwas außerhalb der Stadt.

Am Abend noch mal kurz nach Bar Harbor in den Supermarkt. Als wir zu den Motorrädern zurückkamen, wartete dort ein Typ mit einem Rennrad. Was der wohl wollte? Na, das übliche Woher, Wohin. Cool, dass er da einfach so lange an den Motorrädern wartete, bis jemand zurückkam.

Wir erzählten, dass wir nun nach Kanada wollten, und er meinte, die Leute seien dort viel freundlicher als in den USA. Wir waren erstaunt. NOCH freundlicher? Die Amerikaner sind ja an sich schon sehr höflich, hilfsbereit und offen. Wie würden erst die Kanadier sein?

Die letzten beiden Tage verbrachten wir im Acadia Nationalpark. Wir waren den „Loop“ gefahren, hatten oft gestoppt und uns die Gegend angeschaut oder einfach nur auf den Felsen herumgesessen und die Zeit genossen.

Der Arzt vom Rockport Medical Center, wo ich wegen des Zeckenbisses war, hatte uns auf die Rückseite des Behandlungsscheines geschrieben: „Jordan Pond House – Popover + strawberry jam“. Das sei ein Muss im Acadia Nationalpark.

Also gut, wir stoppten am Jordan Pond House. Ein Popover ist ... wie soll ich sagen: na ja, eine Art zu groß geratener, fluffiger Muffin mit fast nur Luft drin. Schwierig zu beschreiben. Jedenfalls war das Ding nicht unlecker und mit der hausgemachten Erdbeermarmelade erst recht nicht.

Heute Vormittag war große Wäsche dran, Tatort Waschsalon. Keine Angst, liebe Leser, ich werde nicht jeden unserer Waschtage beschreiben. Dieser eine jedoch brachte eine interessante Begegnung mit sich.

Die Wäsche rumpelte gerade in der riesigen Maschine, Manu schrieb Reisetagebuch, und ich lauschte dem MP3-Player, als ein Mann mit Kawasaki-Shirt und Kawasaki-Basecap hereinkam. Er ging zum Geldwechselautomaten und verließ den Salon wieder. Hmmm, dachte ich, der fährt sicher eine Kawasaki.

Kurze Zeit später kam er wieder zurück und sprach Manu an. Ob das unsere beiden KLR da draußen seien? Dann folgte das übliche Woher, Wohin. Ob wir die neue 2008er-

KLR schon gesehen hätten? Ob wir irgendwann auf unserer Reise durch Kalifornien kommen würden, er arbeite nämlich dort bei Kawasaki. Kalifornien lag in der Tat auf unserer Route, und Manu fragte ihn, ob wir vorbeikommen sollten. Klar, meinte er und gab uns seine Karte.

Wahrscheinlich arbeitet er bei einem Händler, dachte ich. Dann sah ich mir die Karte an: „Director of Public Relation/Media Relations, Kawasaki Motors Corp. USA". Donnerwetter. Diese Einladung würden wir ganz sicher wahrnehmen.

Kapitel 2: Kanada – der Südosten

Einwohnerzahl: 33 Millionen. **Fläche:** 9.984.670 Quadratkilometer. **Bruttoinlandsprodukt pro Einwohner:** 34.000 US-Dollar.

27. Mai – Welcome to Nova Scotia

Das Memorial-Day-Wochenende begann, und wir merkten stündlich, wie sich alles füllte. Straßen, Plätze, Läden. Wurde also allerhöchste Zeit, das gemütliche Bar Harbor zu verlassen und uns weiter nordwärts zu machen. Wir räumten die Packtaschen um, um Manuelas KLR etwas leichter zu bekommen und starteten bei herrlichem Wetter.

An der Atlantikküste entlang nach Calais, dem letzten US-amerikanischen Ort. Kurz vor Calais stoppten wir und bereiteten den Grenzübertritt vor. Was uns da wohl erwarten würde? Wir kramten alle Papiere zusammen und fuhren in den Ort hinein.

Mitten in Calais trennten sich die Fahrbahnen, auf der Gegenspur sahen wir das Grenzhäuschen mit den US-Beamten. Die winkten uns direkt zu einem kanadischen Officer weiter, der freundlich aus seinem Fenster schaute. Er wollte nur wissen, wo wir herkämen, wo wir in den USA gelandet seien, wie lange wir in Kanada bleiben wollten, und ob wir ausschließlich Urlaub machen würden. Pass auf, Stempel rein, Pass zu, willkommen in Kanada.

Die ersten Meter auf kanadischen Straßen. Ein Schild mit der Zahl 50 kam in Sicht. Waren das nun Kilometer oder Meilen? Hätten wir uns mal besser vorbereiten sollen. Sicherheitshalber hielten wir uns an den niedrigeren Wert, Kilometer pro Stunde, und ein paar Minuten später kam eine Hinweistafel: Kanada misst in Kilometern. Jetzt hieß es, die Meilen-Gewohnheit zu vergessen und sich schnellstens auf Kilometer umzustellen.

Bis Saint John waren es noch etwas über 100 Kilometer, die Fähre würde morgens um neun Uhr abfahren. Also machten wir uns keinen Stress und nahmen auf halber Strecke ein Motel. Der Seafood-Imbiss nebenan war wohl eine Art Biker-Treff, denn plötzlich kamen mehr und mehr Motorräder angerollt, hauptsächlich Harleys. Binnen Minuten war ein Gespräch im Gang. Unsere KLR wurden ausführlich begutachtet, man plauderte über die Gegend, über Motorräder und über alles Mögliche.

In Kanada, so erfuhren wir, kostet eine Harley-Davidson kaum mehr als ein Japan-Cruiser. Wenn das mein Freund wüsste, der sich in Deutschland gerade mit viel Mühe eine alte Harley aufbaute.

Manuela: Die morgendliche Packerei artete bei mir noch immer in Stress aus. Blödes deutsches Pünktlichkeitsdenken. Wenn man die Check-Out-Zeit mal überzieht, interessiert das hier keinen. Ich musste noch viel gelassener werden. Dafür machte das Motorradfahren heute sehr viel Spaß. Das Wetter war herrlich, nicht zu warm und nicht zu kalt. Mein Gepäck war schön leicht, und alles war gut. Fast alles. Denn mein Bauch rumorte gewaltig, bis auf ein paar Kekse wollte einfach nichts rein. Wahrscheinlich lag die leichte Verstimmung an den überall gegenwärtigen eiskalten Getränken.

Wir fuhren auf der Route 1 an der Küste von Maine nach Norden, als vor uns ein großes blinkendes Schild auftauchte. „Roadworks next 8 miles". Dann folgten 13 Kilometer loser

Schotter und Rollsplit. Im ersten Moment dachte ich an Anhalten und Absteigen. Dann biss ich die Zähne zusammen und war ein bisschen stolz, als ich den rettenden Asphalt wieder unter den Reifen hatte.

Trostlose Gegenden wechselten sich ab mit herrlichen Landstrichen, Wäldern, Gänsen auf dem Wasser und Ausblicken auf die Küste.

An der Grenze fragte mich der Officer, ob das da auf meinem Motorrad Offroad-Reifen seien und ob ich gerne offroad fahren würde. „Oh, ich hasse es“, antwortete ich, der Officer lachte und meinte, wir sollten auf den Straßen bleiben. „Have a save trip.“

Matthias: Heute Morgen empfing uns Kanada mit fetten Nebelschwaden, Nieselregen und fünf Grad. Brrrrrrr. Wir sattelten die Motorräder und spulten die paar Kilometer bis Saint John ab. Wenn die dicke Suppe unterwegs mal aufriss, sah man ringsum nur Wald, nichts als Wald. Und Schilder mit der Warnung vor Elchen und den Folgen eines Zusammenstoßes.

Auf dem Highway kamen uns zwei halbe Häuser entgegen. Sie werden irgendwo wieder zusammengeschraubt – die amerikanische Art des Umzuges.

In Saint John direkt zum Hafen, Tickets für den nächsten Tag gekauft und ein Motel mit Heizung gesucht, um die durchfrorenen Knochen aufzuwärmen.

Im Weather Channel hatten wir gestern bemerkt, dass die TV-Uhr eine Stunde weiter war als unsere. Wir nahmen an, dass der Aufzeichnungsort wohl in einer anderen Zeitzone liegen würde. Heute Morgen dasselbe Spiel: Der Radiowekker zeigte eine andere Zeit an. Da konnte etwas nicht stimmen. Nachfrage an der Motel-Rezeption. Des Rätsels Lösung: Kanada ist eine Stunde früher dran als die USA. Gut zu wissen, sonst hätten wir morgen früh garantiert die Fähre verpasst. Man könnte natürlich auch mal etwas genauer in die Landkarte schauen. Aber wenn man immer nur das eine, in den Tankrucksack passende Planquadrat betrachtet, fällt so eine dünne Zeitzonenlinie kaum auf.

Mein Zeckenbiss heilte übrigens gut ab und sah jetzt nur noch aus wie ein Mückenstich. Im „Atlantic Superstore" kauften wir bei Nebel und Fieselregen das Abendessen ein und lernten „Crabmeat", Krebsfleisch, kennen und lieben.

Die letzte Nacht hatte ich nicht sonderlich gut geschlafen. Doch als um sechs Uhr der Wecker klingelte, war ich hellwach: Da hatte doch jemand Landschaft vors Fenster gezaubert. So richtig mit Wald und Ozean. Pünktlich waren wir an der Fähre und durften uns ganz nach vorn vor die RVs stellen. Ein RV ist ein „Recreation Vehicle", ein Erholungsfahrzeug – ein Wohnmobil.

Wir holten unsere Boarding Cards und ließen die Blicke über die Fundy Bay schweifen. „Seht ihr die beiden Hirsche draußen im Meer schwimmen?", sprach uns ein Typ an. Schwimmende Hirsche? Wollte der uns veralbern? Nein, denn wir konnten tatsächlich zwei sich bewegende dunkle Punkte im Wasser erkennen. Unfassbar, dass Hirsche schwimmen können. Und das mit diesen dünnen Beinen und fast ohne Schwanz.

Das Boarding begann, und wir gingen zu den Motorrädern zurück. Als Erste rollten die Trucks in den Bauch der Fähre. Währenddessen hatten die Hirsche den Strand erreicht.

Dann wurden wir ganz vorn vor einen riesigen Truck dirigiert. Man warf uns ein paar Stricke zu, mit denen wir die Motorräder verzurrten. Dank der Erfahrung unserer Schottlandreisen klappte das ganz gut, die Kawas standen gut geschützt und bombenfest. Hier unten im Autodeck roch es nach abgestandener Fischbrühe und altem Öl. Also nichts wie nach oben an die frische Luft.

Die drei Stunden Fährfahrt von Saint John nach Digby gingen schnell vorüber, wir lagen auf dem obersten Deck auf den Bänken und schauten in den blauen Himmel.

Nachdem wir das Fährschiff verlassen hatten und über eine grobgefächerte Gitterbrücke gefahren waren, ließen wir erst einmal alle Trucks und RVs vorbei, bevor wir gemütlich in Richtung Yarmouth tuckerten. Kurz vor Digby stand die Nova Scotia-Touristeninformation, wo wir uns mit Infomaterial eindeckten und den „Motorcycle Guide Nova Scotia" bekamen – ein tolles Buch von Motorradfahrern für Motorradfahrer. Sofort setzten wir uns vor der Information auf eine Bank und durchblätterten den Band. Ein Bild zeigte den „Balancing Rock". (Der Balancing Rock (balancierender Felsen) ist eine rund vier Meter hohe Basaltsäule, die kurioserweise nur zur Hälfte auf einem Felsen aufliegt, seit Jahrhunderten allen Einflüssen widersteht und nicht umfällt.) Klare Sache: Da mussten wir hin. So änderten wir kurzerhand die angedachte Route und bogen in das Digby Neck ab, eine schmale Landzunge, der noch die beiden kleinen Inseln Long Island und Brier Island folgen. Der Campingplatz in Whale Cove sollte die Basis für die nächsten Tage und Nächte sein.

Dort angekommen, dachten wir zuerst, der Platz wäre noch geschlossen. Aber nein: Vorsaison. Wieder mal. Vaughn, der Chef, hieß uns herzlich willkommen und zeigte uns einen großen Pavillon mit einer vor Wind und Wetter geschützten Tischgruppe. Das Zelt postierten wir daneben, und kurze Zeit später kam Vaughn mit seinem kleinen Traktor und brachte die Moskitonetze für den Pavillon sowie einen „Rolling fire place": Eine ausgediente Waschtrommel auf einem ausgedienten Rasenmäherunterteil, zur Hälfte mit Sand gefüllt – fertig ist das fahrbare Lagerfeuer. Eine tolle Idee, die ich mir sofort ins Reisetagebuch skizzierte.

Nach Spaghetti mit Tomatensoße widmeten wir uns erneut dem Motorcycle Guide und erfuhren, dass „Nova Scotia roadplanners must have been motorcyclists." Nova Scotias Straßenplaner waren also Motorradfahrer. Na, wenn das mal keine Ansage ist.

Als ich ein kleiner Junge war, sagte meine Oma Frieda immer zu mir: „Man macht nachts ins Bett, wenn man zu lange ins Feuer schaut." Denn ich saß gerne vor dem Ofen und sah durch das Türglas in die lodernden Flammen. Oma Frieda hatte Recht: Wir hatten gestern Abend wohl zu lange ins Lagerfeuer gestarrt und mussten in den sehr frühen Morgenstunden beide auf Toilette.

Gleich nach der Morgenwäsche schwang ich mich auf eine KLR und fuhr nach Little River, in den kleinen Ort, der unserem Campingplatz am nächsten lag. Gestern gab es nämlich im „Kwik-Way" nichts fürs Frühstück, weder Brot noch Brötchen.

Und heute Morgen dieselbe Pleite: Ein Opa hinter dem Tresen begrüßte mich freundlich und zeigte mir auf meine Frage hin tiefgefrorene Hamburger-Brötchen. Nein danke, die hätten wir gestern auch schon haben können. „Frisches Brot gibt's erst am Donnerstag", rief er mir hinterher. Weiter nach Sandy Cove, den nächsten Ort. Dort gab es einen weiteren „Kwik-Way", vielleicht mit Brot. Wenn nicht, drohte ein karges Keks-Frühstück mit Kaffee.

Drei Männer saßen vor dem Lädchen, als ich in Sandy Cove ausrollte. Sie sahen mich kommen, einer von ihnen ging hinein und bediente mich. Hier draußen gingen die Uhren ganz langsam, und das war schön. Die Auswahl erwies sich als unerwartet groß: zwei Sorten Toastbrot, Hamburger-Brötchen und Hot-Dog-Brötchen. Das Frühstück war gerettet.

Wir beschlossen, unseren Aufenthalt bis Sonntag zu verlängern und am Samstag eine Whale-Watching-Tour auf Brier Island mitzumachen. Gegen elf Uhr starteten wir mit einer KLR in Richtung Brier Island. Ein weißer Pick-up stoppte am Fähranleger hinter uns, der Fahrer stieg aus, wir plauderten über die Gegend, die Motorräder, seine alte BMW, das Umsetzen von Wünschen und über seine Frau, die nicht gerne Motorrad fährt. Er beneidete mich um Manuelas Motorradambitionen.

Kaum war die kleine Fähre losgeschippert, näherte sich der Deck-Offizier. „Ich fahre auch Motorrad, eine Honda. Wollt ihr mehrere Male mit der Fähre fahren? Dann kauft das Heftchen mit zehn Überfahrten für 12,50 Dollar. Die

Einzelfahrt kostet nämlich fünf Dollar, und so spart ihr 37,50 Dollar." Danke Mister, guter Tipp.

Auf Long Island wartete linker Hand der Parkplatz des Balancing Rock. Nach einem 1,5 Kilometer langen Fußmarsch durch den Wald und über angelegte Stege, die dieses Sumpfgebiet durchziehen, gab es nur noch ein Hindernis: die 235 Stufen zur Aussichtsplattform. Sie bietet eine herrliche Aussicht über St. Marys Bay, rechts steht der Balancing Rock auf seinem kleinen Felsvorsprung.

Auf früheren Bildern sieht man immer Personen direkt an der Felsnadel stehen, doch das ist mittlerweile nicht mehr gestattet. Offensichtlich will man verhindern, dass jemand versucht, den Fels zu kippen. Angeblich hatten Fischer schon einmal probiert, den Felsen mit einem Seil und einem Motorboot ins Meer zu stürzen. Klappte wohl nicht.

Weiter nach Brier Island. Dort war für Samstag die erste Waltour der Saison geplant, denn die Hummerfischer hatten gerade ihre Fangsaison beendet und die ersten Wale gesichtet. Das klang verlockend.

In der Nähe des Wal-Büros stolperten wir über einen Gedenkstein für Joshua Slocum. Joshua Slocum? Noch nie gehört. Und doch war er der erste Mensch, der als Einhandsegler eine Weltumrundung vollbrachte. Im Winter 1892 bekam Slocum ein reparaturbedürftiges Schiff geschenkt: einen verrotteten alten Austernfischer, der bereits sieben Jahre an Land lag. 13 Monate benötigte Slocum, um das Boot vollständig zu erneuern. Im April 1895 startete er zu seiner Weltumseglung. Während der Reise optimierte er das Schiff weiter und fuhr nach drei Jahren und zwei Monaten auf See wieder in seinen Heimathafen ein.

Am 14. November 1909, im Alter von 65 Jahren, brach Joshua Slocum zu einer weiteren Einhandreise auf, um nach Südamerika zum Fluss Orinoko zu segeln, wo er allerdings nie ankam. Man vermutet, dass sein Boot von einem Wal gerammt oder einem Dampfer überrannt wurde. 1924 erklärte man ihn amtlich für tot.

Als wir gestern an einem Internet-PC in der örtlichen Schule unser Online-Tagebuch aktualisierten (auf Nova Scotia kann man die Computerräume der Schulen kostenlos nutzen), konnte ich plötzlich nicht auf alle Bilder der Speicherkarte aus der Digitalkamera zugreifen. Dachte mir aber nichts weiter dabei und hakte es als Fehlfunktion des Rechners ab. Doch wie wir wieder zurück am Zelt waren, und ich die Speicherkarte in die Kamera steckte, zeigte sie mir nur noch 30 Bilder an. Schock! Wo waren die restlichen Fotos geblieben? Das würde bedeuten, dass alle Bilder ab der Ankunft auf Nova Scotia weg waren. Auch die vom Balancing Rock.

Saudumme Sache. Was tun? Zunächst evakuierte ich die Speicherkarte und legte sie beiseite. Zum späteren Entsorgen, denn einen weiteren Bilderverlust wollte ich nicht erleiden. Dann setzten wir noch mal nach Long Island über und wanderten zum Balancing Rock. Wir hatten ja Zeit. Die Bilder von der Fährüberfahrt waren leider unwiderruflich verloren.

So etwas kann nun mal passieren mit der modernen Technik. Ich mag die digitale Fotografie trotzdem, außerdem hatten wir mehrere Speicherkarten dabei. Bei herkömmlichem Filmmaterial weiß man unterwegs nie, ob das, was man fotografieren wollte, auch wirklich auf den Bildern drauf ist.

Am Nachmittag fuhren wir noch einmal zur Digby Neck Consolidation School. Ausgerüstet mit dem Compact-drive, der mobilen Festplatte mit Kartenleser, beantworteten wir eingegangene E-Mails und sicherten sämtliche Fotos auf CD. Ein Datenverlust reichte.

Die defekte Speicherkarte wurde vernichtet. Nachdem uns in Schottland ein Reserve-Akku desselben Herstellers implodiert war und ein großes Loch in die Kameratasche gebrutzelt hatte, war dies nun leider die zweite negative Erfahrung mit Erzeugnissen dieser Marke.

Morgens raus nach Brier Island, wo wir uns für eine „Whale and Seabird Cruise“ angemeldet hatten. Die erste der Saison und auch noch mit einem neuen Boot. Na, wenn das mal kein gutes Zeichen war.

Auf die erste Fähre mussten wir ziemlich lange warten und wurden leicht nervös. Irgendwann tauchte sie aus der Nebelsuppe auf, und wir setzten nach Long Island über. Zügig fuhren wir weiter, stand doch im Wal-Prospekt: „YOU DO NOT HAVE TIME TO STOP!“ Wir stoppten nicht und kamen rechtzeitig bei den Wal-Beobachtern an.

Um 13.00 Uhr legte das Boot ab und schipperte vier Stunden lang über die Fundy Bay. Wir sahen Seehunde, Atlantic Puffins und diverse andere Seevögel, aber keine Wale. War wohl doch nichts mit dem guten Zeichen.

Als Entschädigung bekamen wir nach dem Anlegen im Hafen einen „Free pass“, der uns zu einer kostenlosen neuen Fahrt berechtigte. Eine geschickte Marketingsache: Die meisten Passagiere haben ihre abgesteckte Reiseroute und werden nicht noch eine weitere Tour mitmachen. Aber man hat die Gäste beruhigt und ihnen zumindest die Chance eingeräumt, doch noch Wale zu sehen. Wir hatten Nova Scotia noch vor uns und könnten nach der Rundfahrt nochmals einen Stopp auf Brier Island einlegen.

Abendessen im „Lavena's Café“, einer Empfehlung von Vaughn. Es gab Seafood. Haddock (Schellfisch) und Scallops (Jakobsmuscheln), alles sehr gut und frisch, wie sich das gehört. Der Rechnung lag ein Umschlag mit einer Glückwunschkarte bei, worauf uns das Team von Lavena's Café alles Gute zu unserem Anniversary (Hochzeitstag) wünschte und uns beim nächsten Besuch einen Nachlass von 20 Prozent gestattete. Auf meine Frage, woher sie das mit dem Hochzeitstag wüssten, antwortete Chef Kris. „Wisst ihr, auf einer Insel bleibt nichts geheim.“ Wir waren erst eine knappe Woche hier und gehörten schon dazu. Wie rührend.

Zurück auf dem Campingplatz waren wir nicht mehr alleine: Horst aus Hamburg, ein echter Backpacker und Hitchhiker, stellte sich als Zeltnachbar vor. Horst wollte diese Kanadareise unbedingt machen, bevor er 50 würde. Nun war er 49 und lebte seinen Traum. Seine Frau blieb zu

Hause, ließ sich nicht für die Reise begeistern. Umso bemerkenswerter, dass sie seine Wünsche und Träume trotz der Trennung unterstützte.

Vor zwei Jahren am 4. Juni trauten wir uns etwas, seit ein paar Wochen wieder.

Heute verließen wir den Campingplatz in Whale Cove, kündigten uns aber gleich wieder für Ende Juni an. Erste geplante Station hieß Bear River, wo sich laut Reiseführer das „First Nation Heritage Museum" befinden sollte, also ein Museum über das Leben der eigentlichen Ureinwohner Nova Scotias, der Indianer.

In Bear River angekommen, war dort der Bär eher begraben, denn am Museum hing ein großes Schild: „Closed for the season". Vorsaison – mal wieder. Und das trotz der vielen Werbung in jedem Touristenführer.

Unser „Doohickey" musste uns nun zum Highway 8 führen, dort befindet sich der Eingang zum Kejimkujik Nationalpark, unserem nächsten Etappenziel. Ach ja, „Doohikkey" ... Im Deutschen würde man Dingsbums dazu sagen. Unser Dingsbums war ein kleines Navigationsgerät, das mir mein Cousin in Philly geschenkt hatte. Das Ding knobelte manchmal äußerst rätselhafte Routenempfehlungen aus, heute aber vollbrachte es seine Glanzleistung: Es leitete uns zwar brav zur Victory Road, die direkt auf den Highway 8 führen sollte. Dass diese Victory Road aber nur eine Fahrspur breit war, aus Schotter, Sand und Schlamm bestand, dafür knappe 20 Kilometer lang, das sagte es uns nicht. Dabei hatte ich die Option „unbefestigte Straßen" ausgeschlossen. Hatte das Doohickey wohl nicht mitbekommen.

Nebel, Regen, Wind und Kälte machten die Fahrt zu einer unangenehmen Geschichte. Die einzigen entgegenkommenden Fahrzeuge waren große Trucks zum Holztransport, für die diese Piste wohl auch angelegt wurde. Glücklicherweise kamen sie uns immer auf den geraden Stücken entgegen. Nach Kuppen oder Kurven hätten wir wenig Spielraum zum Ausweichen gehabt.

Manuelas Visier beschlug ständig. Aber wenn sie es öffnete, liefen die Regentropfen an der Innenseite herab, wo sie sie nicht mehr wegwischen konnte. Kilometer für Kilometer wurde ihre Sicht schlechter. Was für ein zweiter Hochzeitstag. Versaut von morgens bis abends. Schlimmer konnte es nicht mehr kommen. Oder?

Irgendwann trafen wir auf den Highway 8 und sahen buchstäblich aus wie die Schweine: schlammverschmiert bis zu den Knien, klatschnass vom Regen. Das Ziel hieß jetzt nur noch, möglichst bald ein warmes Zimmer zu ergattern. Laut Karte war das 50 Kilometer entfernte Liverpool der nächste größere Ort. Demoralisierend.

Unterwegs kamen wir an einem Schild vorbei: „Whitman Inn". Hier irgendwo im Nirgendwo ein Hotel? Kaum möglich, und schon waren wir vorbeigefahren. Dann wurde der Nebel immer dichter, und Liverpool war noch sooo weit weg. Also stoppen und umdrehen. Mal sehen, was uns erwartete. Ob die uns überhaupt reinlassen würden, so dreckig wie wir waren?

Sie ließen. Und gaben uns noch die Honeymoon-Suite mit Himmelbett und Zweier-Whirlpool. Während wir die Motorräder abpackten, wurde der helle Plüschteppich mit Badetüchern ausgelegt, sodass wir unsere Sachen in das Badezimmer tragen konnten, ohne eine mittelgroße Sauerei zu veranstalten.

So wurde der Hochzeitstag doch noch gerettet. Nach einer Stunde im Whirlpool waren Regen, Schlamm und Kälte vergessen.

5. Juni – Halifax, Metropole im Kleinformat

Nach der Aufwärmrunde im „Whitman Inn" ging es weiter nach Halifax. Zogen wir den Großstadtbesuch eben vor. So schlimm wie New York würde es schon nicht werden, leben doch auf ganz Nova Scotia nicht einmal eine Million Menschen, in Halifax sind es etwas mehr als 100.000.

Vom Kejimkujik-Nationalpark auf kleineren Highways

Richtung Halifax. Pause in einem Ort namens New Germany. Dort gaben wir unsere Heimatpost auf und wurden natürlich wieder in Gespräche verwickelt. Doch diesmal war das „Woher“ amüsanter als sonst. Konnten wir doch sagen, dass wir aus Old Germany stammten und nun in New Germany standen.

Der Highway 3 führt auf dem Weg nach Halifax direkt am Ozean entlang, nur zwei, drei Meter neben den gegen die Felsen brandenden Wellen. Gigantisch. Merken: Auf der Rücktour mussten wir uns für den Highway 3 unbedingt viel Zeit nehmen.

In Halifax, der Hauptstadt Nova Scotias, durfte sich Doohickey bewähren und uns den Weg zu unserer Bleibe zeigen, die wir vorab per Internet gebucht hatten: Das „Fountainview Guesthouse“ war mit Zimmern ab 25 kanadischen Dollar (zirka 17 Euro) das günstigste der Stadt. Okay, zwar mit Etagenbad, aber da hier oben die Saison noch lange nicht begonnen hatte, waren nur zwei Zimmer belegt – und es gab zwei Badezimmer.

Einzig die Besitzerin nervte, das aber gewaltig. Sie kostete uns den letzten Nerv. Packsack und Zelt mussten zum Beispiel in der Garage bleiben, weil sie Angst vor „Bugs“ (Ungeziefer) und Zecken hatte. Das Parken der Motorräder war auch ein Akt für sich. Hinterher schmunzelt man zwar darüber, in der Situation selbst aber ist man kurz vor dem Explodieren.

Anyway: Downtown Halifax ließ sich vom Guesthouse aus zu Fuß erlaufen, ein nicht zu verachtender Vorteil. Standen doch einige Dinge auf unserem Programm.

Herrliche Tage in Halifax folgten. Zuerst ging es zum unübersehbaren Highlight von Halifax, der Zitadelle. Erbaut für die Sicherung des Hafens und für Verteidigungszwecke. Dank der exponierten Lage an der Atlantikküste war Halifax seit seiner Gründung 1749 schon immer Ausgangspunkt für militärische Operationen.

Genau zur vollen Stunde an der Zugbrücke angekommen,

konnten wir gleich die Wachablösung der Torwache erleben. Zusammen mit einer Traube von Besuchern. Die hüpften danach gleich wieder in ihren klimatisierten Reisebus, und die Zitadelle gehörte uns alleine.

Als wir den Innenhof erreichten, hörten wir die ersten Dudelsackklänge in „Neu-Schottland".

Mit einem Kaffee bewaffnet ging es auf Erkundungstour. Kaffee ist für Manuela lebenswichtig, getreu dem Motto: „Ohne Gaffee gönn' mer nisch gämpfn.“ Wir schauten zu, wie die Rekruten zusammengestaucht wurden, wenn sie etwas nicht richtig machten, lauschten dem Zwölf-Uhr-Kanonenschuss, und im Armeemuseum wurde uns noch klarer, was wir schon immer wussten: Krieg ist bescheuert!

Danach runter zur Waterfront und wieder zurück bergauf zur Unterkunft. Mit vom Laufen müden Beinen ganz schön anstrengend.

Am folgenden Tag wanderten wir nach einem Zwischenhalt an einem Kaffeestand direkt zum „Maritime Museum of the Atlantic“, wo es diesen Sommer eine Sonderausstellung zum Thema Piraten gab. Anscheinend war diese Atlantikecke ein wichtiger Ankerplatz der Piratenwelt.

Mitten unter den Piraten fragte mich ein Mann, was wir denn heute so machen würden. Dann wollte er wissen, ob wir uns trauten, einen kleinen Satz in die Kamera zu sagen. Da kam auch schon der Kameramann um die Ecke, und mir wurde klar: Fernsehen.

Manuela drehte sich lachend weg und verkrümelte sich um die Ecke. Sie berief sich auf einen leichten Schnupfen, mit dem man ja wohl nicht gut reden konnte. Ich blieb übrig. Einmal Probe und dann in die Kamera: „I'm Matthias Krause from Germany and you're watching Breakfast Television“. Zehn Minuten später war der Spuk vorbei.

Dauerhafte Themen dieses Museums sind „Schiffswracks vor Nova Scotia“, die „Große Explosion von Halifax“, und „Titanic“. Halifax war beim Untergang des Luxusliners der dem Unglücksort nächstgelegene Hafen, und viele Passagiere, die die Katastrophe nicht überlebten, wurden in Halifax beerdigt.

Die Halifax-Explosion ereignete sich am 6. Dezember 1917. Dabei war der französische Munitionsfrachter „Mont Blanc“ mit dem norwegischen Kriegsschiff „Imo“ kollidiert. Bei der Kollision geriet die mit Munition vollbeladene „Mont Blanc“ in Brand und explodierte, wobei über 2.000 Personen getötet und viele Tausend weitere verletzt wurden. Es handelte sich um eine der heftigsten nicht-nuklearen Explosionen der Geschichte.

Wir gingen nach draußen. Am Pier vor dem Museumsschiff „Acadia“ saß ein alter Mann in einem Rollstuhl und bettelte. Er hatte viele verschiedene Fahnen auf seinen Rollstuhl geklebt, aus dem Radio auf seinem Schoß klang Rockmusik. Was musste dieser Mensch schon alles erlebt haben? Wir gaben ihm ein paar Dollar, er bedankte sich mit einem herzlichen und ehrlichen Lächeln. Andere taten das nicht. Zum Beispiel die beiden Frauen mittleren Alters an einer Straßenkreuzung. Sie grölten herum, pfiffen uns hinterher und beschimpften uns.

Letzter Punkt des Tages war die „Harbour-Hopper-Tour“. Die wird mit einem Amphibienfahrzeug unternommen, und man ist je die halbe Zeit an Land und im Wasser. Cool.

Die Leute vom Frühstücksfernsehen meinten, der Spot mit mir würde ab sieben Uhr ausgestrahlt. Doch ich war am 8. Juni nicht ab sieben, sondern Punkt sieben zu sehen. Gott sei Dank hatte ich den Wecker rechtzeitig gestellt. ICH im kanadischen Fernsehen, wow. Und alles als kurzes Filmchen auf der Kamera gespeichert.

Mit einer der beiden KLR fuhren wir vormittags zum „Fairview Lawn“-Friedhof hinaus, wo die meisten der ums Leben gekommenen Passagiere der „Titanic“ beerdigt sind. (Auf ihrer Jungfernfahrt kollidierte die „Titanic“ in der Nacht vom 14. auf den 15. April 1912 gegen 23:40 Uhr mit einem Eisberg und versank zwei Stunden und 40 Minuten nach diesem Zusammenstoß. Zwischen 1.490 und 1.517 von über 2.200 an Bord befindlichen Passsagieren starben im eiskalten Wasser. Der Untergang der Titanic ist zwar nicht die größte, aber doch die bekannteste Katastrophe der Seefahrt.)

Viele Grabsteine tragen nur ein Datum und eine Nummer. Die Nummer sagt, als wievieltes Opfer der oder die Tote geborgen wurde. Und namenlos, weil man anhand der äußeren Merkmale meist keine eindeutige Identifikation durchführen konnte.

Auf einem etwas größeren Grabstein stand die Inschrift „An unknown child" – ein unbekanntes Kind. Auf dem Grab lagen kleine Plüschtiere, Muscheln und ein paar Blumen. Eine ergreifende Stille, die unter die Haut ging, umhüllte den Ort, unser Geplauder verwandelte sich in Schweigen.

Im Friedhofsmuseum waren einige der unzähligen Schicksale genauer erläutert. Zum Beispiel das der Mutter, die mit vier Kindern ums Leben kam, während der Vater, bereits zwei Jahre zuvor in die USA emigriert, auf die nachkommende Familie wartete. Oder der junge Mann, der in Europa Medizin studiert hatte und eigentlich als Arzt auf einem Dampfschiff zurück nach Amerika reisen wollte. Auf Bitten einer befreundeten Familie fuhr er jedoch mit der Titanic. Oder das Kind, das unbenannt beerdigt wurde, und von dem man erst später herausfand, dass es zufällig genau neben der Mutter gebettet war. Von wie vielen Schicksalen würde man nie mehr etwas erfahren?

Schweigend fuhren wir nach dem Friedhofsbesuch zum örtlichen Harley-Davidson-Händler. Unser Harley-Freund zu Hause hatte die beiden Motorräder zur Spedition nach Frankfurt gebracht, wollte aber nichts für seine Fahrdienste haben. Deshalb kauften wir hier einige T-Shirts für ihn und hofften, dass sie ihre Wirkung nicht verfehlen würden.

Nächster Anlaufpunkt war Halifax Downtown, Pier 21. (Pier 21 war von 1928 bis 1971 Passagierterminal für transatlantische Linienschiffe und in dieser Zeit für mehr als eine

Million Einwanderer und Flüchtlinge das Eingangstor zu Kanada. 1999 wurde das Gebäude als Museum wiedereröffnet.) Man könnte den Ort nach der berühmten Einwanderer-Insel vor New York auch das „Ellis Island von Kanada" nennen, der Platz, wo alle Ankömmlinge ihren Fuß das erste Mal auf kanadischen Boden setzten.

Und als ob wir heute nicht schon genügend Schicksale erfahren hätten, erfuhren wir auch hier viel über die damaligen Erlebnisse und Abläufe. Über die „Warbrides", die Kriegsbräute, die nach dem Zweiten Weltkrieg an der Seite kanadischer Soldaten nach Kanada emigrierten. Über die Flüchtlinge, die eigentlich zu wenig Geld für die Immigration vorweisen konnten, denen aber der Immigration Officer von seinem eigenen Geld abgab und viele Jahre später einen Brief bekam, in dem ein ehemaliger Flüchtling seine Schulden beglich. Über die vielen Freiwilligen, die am Pier 21 Tag und Nacht halfen, wo sie nur konnten, und von vielen „Gottes Geschenk" genannt wurden.

Das klang alles sehr ergreifend. Was gingen die Menschen damals doch für Risiken ein. Ich weiß nicht, ob ich den Mut aufgebracht hätte, alles hinter mir zu lassen.

9. Juni, 10.00 Uhr Abfahrt aus Halifax. An einer roten Ampel rief uns eine Frau zu, woher wir kämen. „From Germany", antworteten wir, dann sprang die Ampel auf Grün, und sie wünschte uns eine gute Reise. Es sind gerade diese kleinen Erlebnisse, die einem ein Lächeln aufs Gesicht zaubern, und über die man noch Stunden später schmunzelt. Zumal so etwas in Europa niemals passieren würde.

Auf der Brücke, die Halifax mit Dartmouth verbindet, verursachten wir einen kleinen Stau, als wir die drei Quarters-Münzen aus den Taschen kramen mussten, um den Brückenzoll zu bezahlen. Dürften Motorradfahrer gebührenfrei über die Brücke fahren, wäre es flüssiger gegangen.

In Dartmouth machten wir kurz Station, da meine liebe Sächsin ihren Kaffee wollte. Wir hatten noch nicht richtig die Helme abgenommen, da stand Darren vor uns. Er und seine aus Deutschland stammende Freundin reisten gerade gemeinsam durch Kanada. Zusammen gingen wir hinüber zu „Tim Horton's“, die kanadische Version von „Starbucks“, und begannen eine angeregte Plauderei. Mal in Englisch, mal in Deutsch. Je nachdem, welches Wort uns gerade einfiel. Zuletzt stellte uns Darren sein Notebook zur Verfügung, damit wir ein paar Bilder auf unsere Internetseite laden konnten.

Zurück an den Motorrädern hing ein Zettel an Manuelas KLR: „Welcome to Canada, have a good and save trip.“ Was für ein Land.

Auf dem Highway 7 an der Ostküste Nova Scotias entlang. Pause in Jeddore Oyster Ponds. Im „Fisherman's Life Museum“ wird in einem kleinen Haus das Leben der Familie Myers erzählt. Ein Fischer, seine Frau und 13 Töchter lebten hier. 13 Töchter! Ich glaube nicht, dass das immer einfach war. Dabei hatte sich Mister Myers immer einen Sohn gewünscht, der ihn bei der Fischerei unterstützen könnte. Dass er es nicht oft genug versucht hätte, kann man ihm nicht vorwerfen.

Zufällig wurde heute im Museum das „Rhubarb Roundup“ veranstaltet. Rhabarber war damals das erste frische Gemüse im Jahr, und an diesem Tag wurden unter den Familien die verschiedensten Rezepte ausgetauscht und auf den Tisch gebracht. Wir durften in der kleinen, gemütlichen Küche Platz nehmen und von den Leckereien probieren. Danach ging es in die oberen Zimmer zu einer Brautkleiderausstellung -- bei so vielen Töchtern kein Wunder.

Den Tag beendeten wir in Sheet Harbour, in dessen Nähe die größte Muschelfarm Nordamerikas beheimatet ist. Entsprechend schmeckte das Seafood in Sheet Harbour ganz ausgezeichnet.

10. Juni – Cape Breton

Von Halifax führt die Küstenstraße in Richtung Cape Breton. Jeder, den wir bisher fragten, sagte uns, dass wir die Insel, die eigentlich keine mehr ist, lieben würden. Vor allem als Motorradfahrer. Wir waren jedenfalls gespannt.

Der 1955 errichtete Damm mit dem Namen „Canso Causeway“ verbindet Cape Breton mit dem Festland. Gleich nach dem Damm winkte ein riesiger Hummer – die Touristen-Information, wo Menschen in Hummerkostümen Zettel mit den Terminen des gerade beginnenden Lobster-Festivals verteilten. Hummer-Festival – das hörte sich extrem gut an.

Wir entschieden, die Insel im Uhrzeigersinn zu befahren. An der Westküste entlang nordwärts, die Sonne stand schon etwas tiefer, der Ozean glitzerte und funkelte, als wäre er ein Meer aus Diamanten. Was für ein Blick.

Cape Breton hat mehrere touristisch gut erschlossene Themen-Strecken. Und so machten wir unsere erste Station in Mabou am Ceilidh-Trail. Der Begriff „Ceilidh“ kommt aus dem Gälischen und bedeutet wörtlich „Besuch“. Heute steht Ceilidh für ein gemütliches Zusammentreffen mit Musik, Geschichten erzählen und Tanzen. Und somit ist auch klar, worum sich das Leben der Menschen in diesem Inselteil dreht. Die meisten Bewohner hier stammen aus Schottland, brachten ihre Musik mit nach Kanada und pflegen diese Traditionen weiter. Im Pub in Mabou spielten zwar keine Live-Musiker, doch lief den ganzen Abend tolle Fiddle-Music vom Band. Auch gut.

Beim Nachhauseweg zu unserer Unterkunft staunten wir nicht schlecht über das leuchtend pinkfarbene Kreuz auf dem Turm der nahe gelegenen Kirche. War das wirklich ein großes Kreuz aus Neonröhren? Es war. Und das in Kanada. Eigentlich verbindet man diese Art verspielter Kitschigkeit ja mit den US-Amerikanern.

Weiter im Uhrzeigersinn um Cape Breton herum. Zuerst auf dem Ceilidh-Trail, dann auf dem Cabot-Trail. Das Ziel war der Eingang des Cape Breton Nationalparks, wo wir für die nächsten Nächte unsere Basis errichten wollten.

Unterwegs stoppten wir an der einzigen Single Malt Distillery in Nordamerika – für uns Schottland-Fans ein Muss.

Die Glenora Distillery ist im Vergleich zu den schottischen Gegenstücken eher klein und wurde von einem enthusiastischen Schottlandfreund gegründet. Der fragte sich, welche schottischen Akzente man noch nach Nova Scotia bringen könnte. So reiste er lange Zeit durch Schottland und lernte viel über die Whisky-Herstellung. Als er zurück nach Nova Scotia kam, suchte er einen geeigneten Platz für die Destille. Das beste Wasser fand er auf Cape Breton, weswegen die Glenora Distillery hier steht.

Auf dem Parkplatz zeigte ein alter Mann freudig auf den Isle-of-Skye-Aufkleber an Manuelas Alubox. Der Alte stammte aus der Gegend um Loch Lomond, sein Vater von der Insel Skye. Er war glücklich, dass wir sein Land so liebten, und wir waren glücklich, wieder diesen unverkennbaren schottischen Dialekt zu hören.

Cheticamp ist der Eingang zum Cape Breton Nationalpark. Die Region um Cheticamp nennt sich „Acadian“ und ist französisch geprägt. Wir möchten bestimmt keinem zu nahe treten – aber das Französische hinterließ einen negativen Eindruck. Die Leute waren insgesamt hektischer und fuhren aggressiver Auto als die Anglo-Kanadier.

Auf dem Cheticamp Campground kauften wir den Nationalparkpass. Der gilt ein Jahr lang für alle Nationalparks in ganz Kanada. An der Rezeption hörten wir, dass es im Park noch weitere Zeltplätze gebe, meist ohne Trinkwasser und ohne Duschen. Aber mit Toiletten – immerhin.

Mitten im Wald bauten wir das Zelt auf und wurden dabei von den Black Flies fast in den Wahnsinn getrieben. (Black Flies sind zwei bis fünf Millimeter große schwarze tagaktive Mücken, die meist Anfang Mai zum ersten Mal auftauchen. An der Atlantikküste verschwinden sie meist bis Ende Juni wieder, im Landesinnern jedoch trifft man sie den ganzen Sommer über. Die Black Flies stechen nicht, sie beißen ein Stück der Haut heraus und trinken das Blut.) Nicht, dass sie einem weh tun würden. Sie sind nur ständig präsent und fliegen überall hin. In die Ohren, vor die Augen, in die Augen, einfach überall hin. Bei diesen Geschöpfen begann ich, die Daseinsberechtigung zu hinterfragen, kam aber zu keinem Ergebnis.

Dann fuhren wir in den Ort, um Lebensmittel zu kaufen. Und weil wir noch Zeit hatten, wollten wir uns den nächsten Campingplatz, den ohne Trinkwasser und Duschen, anschauen. Böser Fehler das. Denn er entpuppte sich als kleiner, feiner Platz direkt am Ozean. Mit viel Wind und dadurch ohne Black Flies. Zehn bis zwölf freie Stellplätze, kein Mensch weit und breit. Am liebsten hätten wir gleich alles zusammengepackt und wären umgezogen. Aber wir wussten nicht, ob unsere drei im Voraus bezahlten Nächte auch für diesen Zeltplatz gelten würden, außerdem hatte die Nationalpark-Information schon geschlossen. Also warten bis morgen.

Punkt neun Uhr standen wir bei Lucille an der Information. Und Lucille hatte gute Nachrichten: Die bezahlten Nächte galten im ganzen Nationalpark, ein Umzug sei kein Problem. Super! Vorher noch kurz nach Cheticamp zum Waschsalon, der „Laundry“, dann auf zur ersten Umzugstour.

Mit den erlaubten 80 Kilometer pro Stunde tuckerten wir gerade die kurvigen und hügeligen Straßen entlang, als ich am Straßenrand etwas Schwarzes sah und mir nichts dabei dachte. Plötzlich bewegte sich das schwarze Etwas und lief auf die Straße. Wir voll in die Eisen, und da stand er nun in zirka sechs Meter Entfernung: ein frei lebender Schwarzbär.

Es handelte sich offensichtlich um ein junges Exemplar. Sollte ich versuchen, die Kamera aus dem Tankrucksack zu kramen? Bevor der Gedanke zu Ende gedacht war, hopste der junge Bär über die Leitplanke und verschwand. Was jetzt? Von Lucille hatten wir ein Faltblatt über das Verhalten bei einer Begegnung mit Bären bekommen und hätten vielleicht darin lesen sollen. Ich beschloss zu warten. Dachte mir, dass Jungbären wohl immer in Begleitung ihrer Mutter unterwegs sind und man sich tunlichst nicht zwischen die beiden bringen sollte. Doch keine Mama Bär erschien. Also vorsichtig an der Bärenkreuzung vorbei und dann zügig weiter.

Zurück am alten Zeltplatz ging Lucille mit uns zur Rangerstation, wo eine Rangerin die Bärenbegegnung in ein großes Buch eintrug. Anhand meiner Beschreibung tippte sie auf einen einjährigen Schwarzbären, der schon mal ohne Mutter die Gegend durchstreifte.

Umzugstour Nummer zwei verlief ohne Bärentreffen, und wir stellten unser Zelt mit direktem Blick zum Ozean auf. Ein Wahnsinn. Unten am Strand kreuzten Minkwale hin und her. Was für ein Anblick, wenn sich die Rückenflosse aus dem Wasser erhob. So friedvoll.

Unser Campingplatz lag mitten im Cape Breton Highlands National Park und war ein so genannter „Back Country Campsite", also ein Campingplatz mit eingeschränktem Service und ohne Betreuung. Vor dem Waschhaus stand ein großer Schaukasten mit Tipps und Hinweisen zur näheren Umgebung, direkt davor die braune Stahlsäule für die „Self Registration". Das Prozedere ist simpel: Man tut das Geld einfach in einen der ausliegenden Umschläge, schreibt seine Daten auf die Außenseite und wirft den Umschlag in die Stahlsäule. In regelmäßigen Abständen wird die Säule von Rangern geleert und der Platz kontrolliert.

Ein traumhafter, wunderschöner, kitschiger Sonnenuntergang beendetete diesen Tag.

Der nächste Morgen. Einmal auf dem Cabot Trail quer durch den Nationalpark. Eine der schönsten Motorradstrekken der Welt, heißt es. Na, mal sehen. Und in der Tat: Wer als Motorradfahrer hier nicht seine Erfüllung findet, der sollte sein Hobby überdenken. Kurven ohne Ende, traumhafte Ausblicke auf den glitzernden Ozean und die Highlands Cape Bretons. Eine solche perfekte Verbindung von Fahrspaß und Naturerlebnis sucht man sonstwo vergebens.

Da es noch früh in der Saison war, herrschte kaum Verkehr. Ein paar Wohnmobile, das war's. Wie noch phantastischer würde dieses Fleckchen Erde erst sein, wenn im Herbst die Bäume in den verschiedensten Rottönen glühten?

Zurück auf dem Zeltplatz parkte ein riesiges Wohnmobil neben unserem Zelt. Vorbei mit der Ruhe? Glück gehabt: Schnell entwickelte sich mit den Neuankömmlingen ein Gespräch, und wir wurden für den Abend zur „Happy Hour" eingeladen. Ein gutes Glas Wein, eine nette Plauderei über unsere Reisen und die der Nachbarn – der Abend verging viel zu schnell.

Wir waren von diesem Wohnmobil beeindruckt. Wie eine echte Wohnung, da gab es nichts, auf das man verzichten müsste. Uns wurde klar, warum viele ältere Nordamerikaner auf so ein RV umsteigen und ihren Lebensabend durch das Land fahrend genießen.

Die Happy Hour drückte mitten in der Nacht auf die Blase. In stockfinsterer Nacht schlich ich nur mit der kleinen Stirnlampe bewaffnet zum Toilettenhäuschen am Waldrand. Ein wenig mulmig war mir schon zumute. Die zurückliegende Begegnung mit dem Schwarzbären entspannte die Atmosphäre auch nicht gerade. Da schwenkte der Kopf permanent hin und her, die Augen bohrten sich in die Finsternis, ob sich da nicht zufällig etwas bewegte.

Beim Frühstück, die Walbeobachtungskutter kreuzten schon vor der Küste, dachte ich, ich träume: Ein Elchkopf schaute über das Tor zum Campground. Doch bevor ich „Manu, sieh mal!" rufen konnte, war er verschwunden. Kamera geschnappt und hinterher. Nichts zu sehen. Wo ist der hin? Wir gingen ein Stück die Straße entlang, und dann sahen wir sie: Eine Elchkuh trottete mit ihren beiden Kälbern einen Wanderpfad entlang. Was tun? Folgen, na klar. Auch wenn Manuela in der Eile nur in ihre Bioschlappen geschlüpft war. Der Pfad war etwa 40 Zentimeter breit, rechts ging es den Hang runter, links den Hang hoch. Nicht viel Raum zum Ausweichen.

Nach 200 Metern begann der kurvige Teil des Weges, die drei Elche verschwanden hinter der ersten Biegung. Eine weitere Biegung, noch eine und noch eine. Wo waren die drei? Biegung Nummer vier, und plötzlich schaute ein Elchkopf um die Kurve und glotzte mich an.

Familie Elch hatte offensichtlich umgedreht und kam auf uns zu. Was nun? Waren sie friedlich, oder fasste die Elchkuh uns als Bedrohung für ihre Kleinen auf? So eine Elchkuh sieht zwar aus wie ein sanfter Koloss, ist aber nicht gerade klein und hat einen großen Schädel. Na, dann mal lieber nichts herausfordern. Kehrt marsch und zurück. Die drei Elche in vier, fünf Meter Abstand hinter uns her. An der Straße naschten sie von den Gräsern am Wegesrand, dann überquerten sie unter den Augen der wartenden Autofahrer mit ihrem ganz eigenen torkelnden Gang den Asphalt und verschwanden im Wald.

Zurück am Zelt stellten wir fest, dass in der Zwischenzeit so eine mistige Krähe die Tüte mit den letzten Scheiben Brot geklaut und zerhackt hatte. Die einen locken uns vom Zelt weg, während die anderen derweil das Essen stehlen. Die stecken hier alle unter einer Decke. Gibt es eben Keksfrühstück. Kennen wir schon und ist auch nicht schlecht.

Auch waren neue Nachbarn angekommen, ein deutsches Paar mit einem Mietwohnmobil. Schön, mal wieder mit anderen Leuten deutsch sprechen zu können. Da klappt die Konversation einen Tick besser als im Englischen und ist weniger anstrengend.

Am späten Nachmittag probierte ich zum ersten Mal die Helmkamera aus. Allerdings nicht am Helm befestigt, sondern an der Werkzeugrolle, die vor dem Motor montiert ist. Ergebnis: Diese Investition hatte sich gelohnt. Ein eindrucksvoller Film über die kurvigen Straßen des Cabot Trail entstand, aussagekräftiger als hundert Fotos.

Später kam die Elchfamilie noch einmal auf dem Campground vorbei und verabschiedete sich von uns. Danke, und passt auf euch auf.

Früh morgens weckten uns ständig wiederkehrende Hupgeräusche. Nebelhörner? Aber dann müsste es draußen ja neblig sein? Völlig unmöglich. Fenster auf, und siehe da – doch möglich. Dabei wollten wir heute auf dem Cabot Trail weiterfahren und die herrlichen Panoramen genießen. Tja, damit würde es wohl nichts werden. Also in aller Ruhe packen und hoffen, dass sich der Nebel, der vom Ozean hereingetragen wurde, lichten würde. Was er aber nicht tat.

Gegen Mittag starteten wir bei dicker Nebelsuppe. Hinein in die Highlands, wo es immer heller um uns herum wurde. Auf einen Schlag durchstießen wir den Nebel und waren plötzlich umgeben von strahlend blauem Himmel und Sonnenschein. Im Rückspiegel war dieses alles verschlingende weißgraue Nichts zu erkennen, dem wir gerade entflohen waren. Je höher wir kamen, desto grandioser der Anblick: Links der Straße ragte die Felswand empor, rechts der Straße, direkt hinter der Leitplanke, ging es tief bergab ins Tal und in den Ozean. In manchen Kurven verschwand die Straße hinter dem Fels, und man hätte meinen können, direkt ins Blau des Himmels hineinzufahren.

Glaubt mir das eigentlich jemand? Ich würde das alles ja selbst kaum glauben, hätte ich es nicht gesehen. Aber nichts ist erfunden oder dazugedichtet. Ehrlich.

In Ingonish an der Ostküste Cape Bretons fanden wir einen Campingplatz für die nächsten Nächte.

16. Juni – Wandertag

Aufstehen ohne Wecker, Frühstück mit Sonne. Zwei Eichhörnchen spielten rund ums Zelt Fangen.

Für heute hatten wir uns ein paar Wanderungen vorgenommen. Nicht besonders lange, wir sind ja schließlich Motorradfahrer. Die erste Tour ging rund um den Middlehead, einen großen Felsvorsprung, der in den Atlantik ragt und einen tollen Blick auf die Küste bietet. Wir saßen eine Weile auf der Spitze, ließen uns den Wind um die Nasen wehen und schauten den Möwen zu, wie sie sich vom Wind tragen ließen und dabei ohne einen einzigen Flügelschlag weite Strecken zurücklegten.

Die zweite Tour war eine Wanderung um einen Frischwassersee direkt am Atlantik. Barfuß und nur mit ein paar Möwen als Begleitung spazierten wir über den Strand Richtung See. Ein Steinwall trennt das Meer von dem Binnengewässer. In der einen Richung erheben sich die bewaldeten Highlands, und man kommt sich vor wie irgendwo in Österreich. Dreht man sich um, liegt der unendlich weite Ozean mit seinem langen Sandstrand vor einem, und man kommt überhaupt nicht auf die Idee, diese beiden Szenarien zu verknüpfen. Zwei Welten, getrennt durch einen kleinen Steinwall.

Auf der Wanderung um den See warnten Hinweistafeln vor der hier weitverbreiteten Giftpflanze „Poison Ivy". (Der Giftefeu reizt die Haut sehr, schon die Berührung eines Pflanzenteils führt zu extremen Ausschlägen. Die Wirkung bei Schleimhaut- oder Augenkontakt ist noch schlimmer und kann zur Erblindung führen. Eine amerikanische Kinderregel weiß: „Leaflets three – let it be", lass die Finger von dreiblättrigen Pflanzen.)

Abends nach Ingonish, wo die örtliche Feuerwehr ein Lobster-Supper veranstaltete. Wir fuhren hin, um die freiwillige Feuerwehr zu unterstützen und uns kulinarisch etwas Gutes anzutun. Die Jungs boten einen ganzen Lobster mit Kartoffel- und Rübensalat, inklusive Dessert, für zehn kanadische Dollar (etwa sechs Euro) an, der zweite Lobster kostete nur noch weitere fünf Dollar. Völlig kostenlos war die Lehrstunde im „Lobster-Cracken".

Ein Fischer brachte gerade eine neue Ladung Hummer, und wir fragten ihn einfach, wie man einen Lobster am besten öffnet. Er zeigte es uns: Man nehme ein schweres Messer, lege die Schneide auf die Schere und schlage kräftig auf den Messerrücken. Dasselbe etwas versetzt wiederholen, und schon ist die Schere geknackt. Dann steche man mit dem Messer in den Lobsterschwanz und ziehe es ruckartig zum Schwanzende. Hummer offen, fertig. Gegessen wird das Fleisch in den Scheren und im Schwanz, den Rest, wie zum Beispiel die Beine, spendet man den Möwen.

In Deutschland hatten wir schon einmal einen tiefgefrorenen Hummer gekauft und gekocht, doch an dem hatten wir uns irgendwie hungrig gegessen. Gefühlsmäßig war an dem ganzen deutschen Hummer so viel Fleisch wie in einer einzigen kanadischen Hummerschere.

Der Verdauungsspaziergang brachte uns zum Strand, wir sahen zu, wie die Flut hereinkam, alberten herum und wurden von unterschätzten Wellen nassgeschwappt.

Frühstück am folgenden Morgen mit unseren kleinen Freunden, den Hörnchen. Heute war eines so mutig und fraß uns aus der Hand. Dann hopste es auf Bank und Tisch, um ein paar Brotkrumen zu ergaunern. Wie soll das erst im August werden, wenn hier Touristenhochsaison herrscht?

Weiter auf der letzten Etappe des Cabot Trail nach Baddeck, wo wir uns einen schönen Campingplatz am See suchten. Auf der Suche nach Aufklebern für unsere noch recht nackten Alukisten kamen wir zur „Red Barn“, einer großen roten Scheune, die zur Touristen-Einkaufsfalle umgebaut wurde.

Dort trafen wir zum ersten Mal Kollegen: Ted und Celia aus Yorkshire (England), die mit ihrer silbernen BMW 1150 GS für drei Wochen in Nova Scotia unterwegs waren. Die typischen großen europäischen Nummernschilder sind in Nordamerika eher selten und sofort zu erkennen.

Ted hat 2005 an einer fünfmonatigen Panamericana-Tour des Reiseveranstalters Globebusters teilgenommen. Hier auf Nova Scotia wollten sie einen Freund treffen, der danach quer durch Nordamerika zur Westküste fahren würde, um dort ebenfalls an einer Globebusters-Tour teilzunehmen. Beendet wurde die Plauderei durch die anwesende HOG-Truppe. (Die „Harley Owners Group“ wurde vom Motorradhersteller Harley-Davidson 1983 in den USA gegründet. Auf der ganzen Welt gibt es über eine Million Mitglieder, die unter dem HOG-Zeichen ihre Verbundenheit mit Harley-Davidson zeigen.) Als die HOG-Truppe aufbrach, erstarb jegliche Diskussion im Gebrüll der ungedämpften V2-Klänge.

Die Nudeln zum Abendessen mussten wir im Zelt verspeisen, denn die Moskitos waren zu lästig. Wenn man von den Moskitos genervt wird, merkt man erst, welche Ruhe man eigentlich mit den kleinen Black Flies hat.

Der 18. Juni, der bislang vierte Regentag dieser Reise, bescherte uns heute einen ruhigen Tag. Sehr lange geschlafen, ermüdendes, monotones Prasseln auf das Zeltdach. Das Jack Wolfskin hielt dem Dauerregen stand, wir konnten es uns sogar ein wenig gemütlich machen.

Nachmittags nach Baddeck, wo wir durch die Giftshops spazierten und in der Bücherei am Internet-PC Mails beantworteten. Ich musste die neuen Bilder auf dem Compactdrive sortieren und stellte mit Erschrecken fest, dass ich wieder sechs CDs brennen durfte. Unsere Eltern und Freunde würde es jedenfalls freuen, so viele Fotos anschauen zu können.

Ein Hinweis auf das Alexander-Graham-Bell-Museum weckte unser Interesse. Das Wetter war ja geradezu perfekt für einen Museumsbesuch und der Eintritt dank Nationalparkpass umsonst.

Alexander Graham Bell wurde in Edinburgh (Schottland) geboren. Nachdem seine beiden Brüder an Tuberkulose starben, siedelte die Familie Bell 1870 nach Kanada über, wo der Vater ein besseres Klima erhoffte.

1876 meldet Alexander Graham Bell sein Telefon zum Patent an. Doch nicht er, sondern der Italiener Antonio Meucci hatte bereits 1861 einen Fernsprechapparat erfunden, musste aber das Patent wegen Geldmangels auslaufen lassen. Bell hatte in den Werkstätten von Meucci, wo dessen Materialien und Unterlagen lagen, an seinem Telefon gearbeitet. Trotz jahrzehntelanger Streitigkeiten gelang es Meucci nicht, das Patent oder wenigstens finanzielle Entschädigungen von

Bell zu erhalten. Er starb als verarmter Mann. Erst 2002 erklärt der Kongress der Vereinigten Staaten in einer Resolution, Antonio Meucci sei Erfinder und erster Patentinhaber des Telefons.

Bell war nicht nur Erfinder, sondern auch Großunternehmer und Sprachtherapeut. In dieser Rolle bezeichnete er sich selbst als „Taubstummenlehrer". Ihm ging es dabei um eine spezielle Spracherziehung von tauben und schwerhörigen Kindern, bei der auf Gebärdensprache weitgehend verzichtet wird und stattdessen die Bildung von Sprechlauten und das Ablesen vom Mund im Vordergrund stehen. Insgesamt eine tolle Ausstellung über einen vielseitig interessierten Menschen, der viele Visionen hatte.

Auf dem Campingplatz kamen wir mit Nelson, einem Harley-Fahrer, ins Gespräch. Stolz wies er auf seine chromblitzende Harley-Davidson, die er extra für uns aus seinem „Toy-Hauler" rollte, und mit der er morgen zusammen mit seiner Frau Lorraine den Cabot Trail fahren wollte. (Toy-Hauler werden die Anhänger genannt, in denen, so behaupten die Frauen, die Männer ihre Lieblingsspielzeuge transportieren. Das können Motorräder, Quads, Snowmobile oder Jetskis sein.) Das Wetter sollte sich ja wieder bessern. Am Ende des Gesprächs hatten wir eine Einladung zu den beiden nach Hause in Ontario und eine freie Drei-Tage-Kanufahrt im Algonquin-Nationalpark, wo sie einen Outdoorladen betrieben und Touren anboten. Das lag zwar eigentlich so gar nicht auf unserer Strecke, aber solche Einladungen machen ja den Reiz einer Reise aus, und was sind da schon 1.000 Kilometer Umweg?

Abends tranken wir mit Nelson und Lorraine ein Bier und plauderten bis spät in die Nacht über Gott und die Welt. So viele Erlebnisse und so viele angenehme Menschen -- schön!

Für den nächsten Tag stand das „Wagmatcook Culture & Heritage Centre" auf dem Programm, wo wir etwas über die

Natives, die kanadischen Ureinwohner, erfahren wollten. Aber: kein Museum, keine Informationen, nur ein Shop mit Indianerschmuck und Totems, „Dreamcatcher“ genannt. Na, dann eben nicht.

Auf nach Iona zum „Highland Village Museum“, in dem dargestellt wird, wie die Schotten hier landeten und sich niederließen. Die ersten Siedler kamen im Herbst nach Nova Scotia, und ohne die Hilfe der Indianer, die ihnen zeigten, wie man schnell und einfach eine Hütte baut, hätten sie den kanadischen Winter sicher nicht überlebt.

Ein Detail, das typisch ist. Denn irgendwie hat man in Kanada das Gefühl, dass das Verhältnis zwischen Indianern und Einwanderern ein anderes war als das in den USA. In Kanada herrschte ein Miteinander, das zu beiderseitigem Nutzen beitrug.

Im Highland Village stellen etliche Häuser aus verschiedenen Epochen das Leben der Neuschotten dar. Der Besucher sieht und bekommt erklärt, wie sich ihre Häuser und ihr Leben im Laufe der Zeit veränderten.

Pünktlich um 14.00 Uhr waren wir zur Stelle, denn in einem der Häuser sollte ein Ceilidh stattfinden. Wir waren gespannt, mit uns ein Ehepaar aus Massachusetts (so hatten wir das jedenfalls verstanden). Alle vier saßen wir in einem Museumshaus in der Küche, im Kamin brannte prasselnd das Feuerholz, wir bekamen Geschichten auf Gälisch (und danach auf Englisch) erzählt, lauschten den Klängen der Fiddle und der Smallpipe, die in geschlossenen Räumen immer noch laut genug sind, erfreuten uns an den Stepptanzeinlagen der beiden jungen Frauen und lauschten den Liedern in dieser kehligen Sprache. So waren wir doch noch zu unserem Ceilidh gekommen.

Zurück auf dem Zeltplatz begrüßten wir erst einmal unsere neuen Zeltnachbarn: Chris, Prasha, Nicole und Hund Gobi aus Deutschland. Die Gruppe bereiste Kanada mit dem Fahrrad. Respekt!

21. Juni – Hinein ins 18. Jahrhundert

Von Baddeck über Sydney nach Louisbourg. Eigentlich wollten wir Sydney links liegen lassen, doch eine Umleitung schickte uns in die kleinsten Wohngegenden. Manu setzte irgendwann den rechten Blinker, was bedeutet, dass sie anhalten will. Ich wusste schon genau, was sie nun sagen würde. „Sag mal, wo willst du eigentlich hin?“ oder „Sag mal, was machen wir hier eigentlich?“ Manus „Sag mal, ...“-Sätze waren schon seit einiger Zeit zum Running Gag geworden.

Die Fortress Louisbourg, die Festung der Stadt, wurde von den Franzosen erbaut und zweimal von den Engländern belagert und erobert. Zwischen ihren Mauern wird Geschichte gelebt. Das begann schon an der Zugbrücke. Eine Wache hielt uns an und fragte uns aus.

Wache: „Seid Ihr mit dem Boot gekommen?“

Wir: „Nein, mit dem Motorrad.“

Wache: „Motorrad? Kenne ich nicht! Wir leben im Jahre 1745, und so etwas ist hier unbekannt.“

Wir: „Das ist eine neue Technik aus Europa. So etwas wie ein Pferd nur mit Rädern und rennt ohne Kraftaufwand.“

Wache: „Ist es schnell?“

Wir: „Oh ja. Schneller als ein Pferd.“

Wache: „Dann müsst Ihr sehr reich sein!“

Wir: „Nein, wir haben es geklaut.“

Wache: „Ach so! Ich bin auch Dieb, na, dann herzlich willkommen!“

In der Festung waren wir dann mitten drin im 18. Jahrhundert. In der Bäckerei wurde Brot gebacken, wie man es damals tat. In den Gärten wurde Obst und Gemüse angebaut, genau wie früher. Soldaten wurden gedrillt und demonstrierten das Laden und Abfeuern der Muskete. Ein Dieb wurde öffentlich durch die Gassen geführt und am Pranger angekettet, während das Volk brüllte: „Hängt ihn, hackt ihm die Hände ab!“ An einer Häuserecke hielten sich einfache Leute an den Händen und hüpften und tanzten im Kreis zu den Klängen einer Flöte.

Mittagessen gab es in einer Spelunke, wo man mit einem riesigen Latz und einem großen Löffel bewaffnet (mehr gab es früher auch nicht) sein Essen einnahm. Mit der Erbsensuppe ging das ganz gut, aber den Fisch mit einem großen Löffel zu zerteilen, war schon etwas ungewohnt.

Gemeinsames Frühstück mit den Zeltnachbarn Deborah und Sven, bevor die beiden den Weg zur Fähre nahmen. Schade, sie waren nett und vor allem bodenständig. Mieteten sie sich doch lieber einen Pkw und kein teures Wohnmobil. Von dem gesparten Geld gingen sie gerne mal essen oder zu einer Veranstaltung. So eine Einstellung gefällt uns.

In der Bibliothek hatte der einzig freie PC keinen Brenner, und die CDs, die wir eigentlich brennen wollten, blieben leer. Wir sollten es doch mal bei der Schule versuchen, meinte die Bibliothekarin. Gute Idee. Der Vice Principal begrüßte uns dort mit Handschlag. Als er erfuhr, dass wir aus Deutschland kommen, meinte er stolz: „Ich fahre einen BMW Z3." Er führte uns durch die Schule, doch da gerade Ferienzeit war, konnte er uns nicht helfen. So einen prima stellvertretenden Direktor hätte ich früher auch gerne gehabt.

Am Nachmittag versuchten wir es noch einmal in der Bibliothek und bekamen sofort einen Termin für den PC mit Brenner. Es lief mal wieder gut für uns. „Lucky Dogs" hatte uns meine Tante in Philadelphia genannt.

Zur Feier des Tages fuhren wir zum „Lobster Kettle", zum Lobsterkessel, in dem wir gestern schon sehr gut gegessen hatten. Im Motorrad-Reiseführer hatte ich heute Morgen gelesen, dass Bikern ein Rabatt von zehn Prozent gewährt würde. Also fragte ich bei der Bestellung danach. Und tatsächlich gab man uns anstandslos den Rabatt. Aber irgendwie hatte ich das Gefühl, dass gestern mehr Seafood auf dem Teller war. „Vielleicht sind das ja die zehn Prozent" meinte Manuela trocken. Egal – das Essen war eine Wucht.

Manuela: Heute hieß es Abschied nehmen von Cape Breton. Nach einer unangenehmen Nacht: Eine Handvoll gelangweilter Teenager fand es lustig, unser Zelt mit Steinchen zu bewerfen. Gar nicht lustig für uns, da es schon spät war und man draußen im Nebel kaum die Hand vor Augen sah. Ziemlich stinkig jagte ich die Bengel weg. Nach einer weiteren Handvoll Steinchen hatten sie ihren kleinen Sieg davongetragen und wir unsere Ruhe. Bekloppt!

Zwischen zwei Gewitterschauern fanden wir eine Übernachtung in Antigonish. Fürs Frühstück hatte man uns das Café „Snow Queen“ ans Herz gelegt, dort würden wir das beste Frühstück weit und breit bekommen. Fein, Hauptsache, ein Kaffee ist dabei.

Wir parkten gerade auf dem Parkplatz davor, als drei Männer schnurstracks auf uns zuliefen. Was wollten die wohl?

„Guten Morgen, fahrt ihr um die Welt?“ begrüßten sie uns.

„Äääm, naja, schaun wir mal. Zumindest fahren wir erst mal durch Nordamerika, soweit es geht und soweit wir Lust haben.“

„Wo ist euer Kamerateam?“

„Kamerateam?“

Wir schauten uns fragend an, dann dämmerte es uns. Ich antwortete lachend: „Hey, wir sind doch nicht Ewan McGregor und Charley Boorman.“ Auch die drei Typen lachten, und wir erklärten ihnen, dass diese Reise unser Traum war und wir ihn nun wahr machten. Sie klopften uns anerkennend auf die Schulter und wünschten uns weiterhin gute Fahrt.

Es machte so viel Spaß, von wildfremden Menschen nach dem Woher und Wohin gefragt zu werden. Mit unserem Gepäck sahen wir sicher auch etwas abenteuerlich aus. Die Alukisten an unseren Motorrädern wurden immer bunter beklebt und schilderten auch ohne viele Worte unseren Reiseverlauf.

Wir durchquerten Nova Scotia über Antigonish, Truro, Halifax bis nach Peggy's Cove und hatten mehr als einmal

Glück mit den Regenwolken. „Lucky Dogs" eben.

In Peggy's Cove steht der meistfotografierte Leuchtturm Kanadas. Das Besondere an ihm ist neben seiner idyllischen Lage die Tatsache, dass er als einziger Leuchtturm im Sommer als Post Office fungiert.

Ein paar Kilometer vom Leuchtturm entfernt ragt der große Gedenkstein auf, der an den Absturz des Swiss-Air-Fluges Nr. 111 erinnert. Man munkelt, dass die Absturzursache nach wie vor ungeklärt sei und es zu jener Zeit weitere ungeklärte Abstürze gegeben haben soll. (Am 2. September 1998 stürzte eine McDonnell Douglas MD-11 der Swiss Air auf ihrem Flug von New York nach Genf vor Peggy's Cove, Nova Scotia, ins Meer. Alle 215 Passagiere und 14 Besatzungsmitglieder kamen beim Absturz ums Leben.)

Die Fahrt von Peggy's Cove nach dem von deutschen Auswanderern gegründeten Luneburg war herrlich. Der Fahrtwind war warm, man sah schon vereinzelt mutige Menschen am Strand und im Meer, die Luft war voll süßem Duft der in voller Blüte stehenden Lupinen, wilden Margeriten und lilafarbenen Wildblumen. Der Sommer hielt nun auch hier Einzug und ließ einem beim Anblick der Natur das Herz aufgehen.

In Lunenburg beim Herumspazieren, Eisessen und Leutebeobachten standen wir plötzlich vor Ted und Celia, die unsere KLR schon gesehen hatten. Welche Überraschung und Wiedersehensfreude. Celias Freund aus England war nun auch dabei, und wie wir so plauderten, stellte sich heraus, dass er den Sachsenring kannte, Chemnitz ebenso und schon zu tiefen DDR-Zeiten beim „Nischl" war. Zu DDR-Zeiten! Isch gennt' bleede wern! Was ein Spaß! („Nischl" ist der lokale Spitzname für den über sieben Meter hohen Karl-Marx-Kopf. Er ist das bekannteste Wahrzeichen der Stadt Chemnitz und die größte Porträtbüste der Welt.)

28. Juni – Im Keji Nationalpark

Matthias: Gestern kamen wir im Kejimkujik (kurz „Keji“ genannt) Nationalpark an und meldeten uns gleich für zwei Nächte an. Auch wenn der Wetterbericht eine 60-prozentige Chance auf Regen und Gewitter ankündigte, wollten wir uns für heute ein Kanu ausleihen und einen kleinen Teil des Nationalparks erkunden.

Gegen 10.00 Uhr Ankunft am Kanuverleih. Wir waren die Ersten heute. Lag wahrscheinlich daran, dass sich viele vom Wetterbericht und dem frühmorgendlichen Donnergrollen abhalten ließen. Mit Kajak und Canadier kennen wir uns aus, also gleich raus aufs Wasser. Ein bisschen den Mersey River hochgepaddelt, dann in den kleinen Seitenarm hinein, wo sich die Schildkröten gerne auf Steinen und umgestürzten Bäumen sonnen. Sonne war zwar kaum da, trotzdem lagen ein paar Schildkröten auf den Baumstämmen. Sie sind verdammt schnell, wenn es darum geht, das schützende Wasser zu erreichen.

Zurück zum Kejimkujik Lake. An einem Inselkap saß ein Weißkopfseeadler in einem Baum. Was für ein Apparat! Gerade als ich zur Kamera greifen wollte, schwang er sich majestätisch in die Lüfte. Schade, ein paar Sekunden zu früh, trotzdem genial anzusehen.

Weiter über den See zur Umtragestelle. Der kurze Landweg entpuppte sich als Tortur: Das riesige Kanu mit Inhalt, der Pfad durchs Unterholz mal eng, mal bergan, mal bergab, mal linksrum, mal rechtsrum. Und um uns herum Heerscharen von Black Flies, Moskitos, Bremsen und was es nicht noch alles an Stechviechern gab.

An der Einsatzstelle gleich mal einige Meter raus aufs Wasser, weg von den Mistbiestern. Bisher hatten wir Gegenwind, also hätte nun Rückenwind kommen müssen. Aber wo war der Wind geblieben? Gar kein Wind ist beim Kanufahren fast so schlimm wie Gegenwind. Dann eben weiterpaddeln, ohne Chance auf entspannendes Treibenlassen.

Eine Inselkette durchbrachen wir an ihrer schmalsten

Stelle. Da erklang ein eindringliches Brüllen, das wir schon am Vorabend gehört hatten. Was könnte das sein? Wir hielten auf die Geräuschquelle zu und erkannten schließlich den Verursacher: den „Bullfrog“, einen etwa handflächengroßen Frosch.

Am Merrymakedge Beach versorgten wir uns in der einzigen Verpflegungsstelle des Nationalparks mit Essen. Die Preise sind zwar gepfeffert, aber da der Imbiss von den „Freunden des Kejimkujik NP“ betrieben wird, kommt der Umsatz hoffentlich der Erhaltung des Parks zugute.

Dann wartete die letzte Etappe. Die in der Karte eingezeichnete „Fairy Bay“, die Elfenbucht, mussten wir auslassen, da dieser Bereich wegen der Petroglyphen gesperrt ist. (Petroglyphen sind in den Felsen geritzte Bilder der Ureinwohner Nova Scotias, der Mi'kmaqs. Sie haben für die Stämme, von denen sie stammen, eine starke kulturelle und religiöse Bedeutung, weshalb der Zugang nur Stammesmitgliedern gestattet ist.)

Ist schon besser, wenn man diesen Bereich nur mit geführten Touren besuchen darf. Wer weiß, wer sonst noch auf die Idee käme, selbst etwas in den Stein zu ritzen.

Noch einmal hinein in den Schildkröten-Fluss, fanden aber dieses Mal keine Sonnenanbeter vor. Dafür tauchte ein großer Fischotter unter uns weg, zwei weitere Otter zerrten große Grasbüschel hinter sich her. Die Wettervorhersage irrte sich übrigens – es blieb den ganzen Tag trocken.

Der 1. Juli ist „Canada Day“, und das ganze Land feiert. Da der Feiertag auf ein Wochenende fiel, war der darauffolgende Montag auch noch frei. Wieso haben wir eigentlich eine solche Regelung nicht auch in Deutschland?

Nach langer Zeit stellten wir für heute Morgen mal wieder den Wecker. Der Grund: Der Gutschein für die Waltour sollte eingelöst werden. Wir starteten zwar rechtzeitig vom Campground in Whale Cove, verpassten jedoch beide Fähren hinüber nach Brier Island ganz knapp. So war es schon kurz nach zehn Uhr, als wir im Wal-Büro einliefen. Das

Schiff sollte Punkt zehn ablegen. Ob sie auf uns warten würden? Sie warteten. Standen vermutlich mit den Fähren in Funkkontakt.

Die Bedingungen seien perfekt, meinte Tourguide Lana: der Himmel strahlend blau, die See ruhig. Bereits gestern hätten sie Buckelwale gesehen. Aber was heißt das schon? Jeder Tag ist anders. Weil wir wegen unserer Verspätung als Letzte ins Boot kamen, waren draußen schon alle Plätze belegt. Also mussten wir in der „Seniorenkabine" Platz nehmen. Vom vorigen Mal wussten wir jedoch, dass viele Gäste nach etwa zwei Stunden nach drinnen gingen, um sich aufzuwärmen. Also abwarten.

Das Schiff durchquerte die Bay of Fundy in Richtung Kanada-Festland und fuhr und fuhr und fuhr, aber es tat sich nichts. Ich versuchte die langen Gesichter durch einen Scherz aufzuheitern: „Die Wale werden ohnehin erst in neun Minuten zu sehen sein, jetzt ist es genau 12.21 Uhr, und um halb eins haben sie ihre Mittagspause beendet." Und was soll ich sagen? Genau so kam es. Manuela und Heidi sind meine Zeugen. Die beiden Motorradfahrer Heidi und Dieter hatten wir beim Warten auf die Fähre nach Long Island (die erste der beiden Fähren auf dem Weg nach Brier Island) kennengelernt.

Jedenfalls: Auf „unserer" rechten Schiffsseite tauchte Punkt halb eins aus dem Nichts ein Wal auf. Schwanzflosse aus dem Wasser, und weg war er wieder. Wow! Na also, geht doch. Danach kamen Minkwale in Sicht, auch ein paar Atlantic Puffins, Papageientaucher, schwammen im Wasser.

Dann erschien wieder ein Buckelwal. Derselbe wie vorhin? Egal, wir hatten tolle Sicht und konnten Fotos schießen. Das ist übrigens gar nicht so einfach, da so ein kleines Boot ständig in Bewegung ist. Auf – ab, rechts – links und viele weitere Varianten. Kein Wunder, dass mir etwas flau im Magen wurde.

Auf dem Rückweg nach Brier Island kamen einige der Draußensitzer herein und hüllten sich in Wolldecken. Gut für uns, denn so konnten wir unseren strapazierten Mägen draußen frische Seeluft zuführen.

Zurück im Hafen luden uns die Jungs vom Wal-Büro zum „Brier Island Community Barbecue“ ein. Was folgte, habe ich zum letzten Mal zu tiefen DDR-Zeiten erlebt, wenn bei uns im Ort ein Straßenfest war. Jeder brachte etwas mit (Salate, Brote usw.), alles stand auf einer riesig langen Tafel, jeder konnte sich nehmen, was er wollte. Am Anfang der Tafel befand sich ein Spendentopf für einen neuen Spielplatz. Dass wir unseren Obolus leisteten, war selbstverständlich.

Alle saßen beisammen, quatschen, lachten und hatten Spaß. Eine Community scheint hier noch eine echte „Gemeinschaft“ zu sein. So etwas vermisse ich in Deutschland. Aber das ist Politik, und die lassen wir aus diesem Reisetagebuch raus.

Da wir gestern beim Bar-B-Q eingeladen waren, kamen wir um den Besuch im „Lavena“ herum. Was natürlich gar nicht ging. Weil am Feiertag ohnehin Millionenmilliarden Ausflügler unterwegs sein würden, beschlossen wir, einfach einen Tag länger auf dem Campground von Whale Cove zu bleiben.

Chef Vaughn freute sich, uns noch einen Tag länger bei sich zu haben. Er lachte nur, als wir ihm unseren Verlängerungswunsch mitteilten, denn er kannte das nicht anders von uns: noch eine Nacht und noch eine Nacht und noch eine Nacht ...

Das war dieser viel beschriebene „Reise-Flow“, die Fähigkeit, sich einfach treiben zu lassen und den Tag so zu genießen, wie er sich ergibt. Wir hatten unseren Flow endlich gefunden. Doch nur, weil wir keine Termine hatten. Wo es uns gefiel, konnten wir so lange bleiben, wie wir wollten. Hatten wir keine Lust mehr, fuhren wir einfach weiter. Diese Unabhängigkeit sollte zum höchsten Gut unserer Reise werden, wie wir später immer wieder feststellten.

Kurzausflug ins nahe gelegene Sandy Cove, wo sich einst folgende mystische Geschichte zugetragen hatte: An einem Herbstmorgen im Jahre 1863 fand ein Fischer nahe einem großen Felsen am Strand von Sandy Cove einen Mann, dessen beide Beine unterhalb des Knies fachmännisch amputiert und die Stümpfe teilweise verheilt waren. Neben ihm standen ein Krug mit Wasser und eine Büchse Kekse.

Der Fischer erinnerte sich, am Vortag ein Schiff gesehen zu haben, welches vor der Küste kreuzte. Man ging daher davon aus, dass der Unbekannte in der Nacht von einem Piratenschiff ausgesetzt oder über Bord geworfen wurde. Die Einwohner von Sandy Cove kümmerten sich um den Mann, der außer einem kaum verständlichen „Jerome" kein Wort sagte. Jeromes Kleidung und Erscheinung ließen auf eine noble Herkunft schließen, doch niemand konnte etwas aus ihm herauslocken. Viele Seefahrer aus allen Teilen der Welt wurden zu Jerome gebracht, aber er reagierte auf keine der gesprochenen Sprachen. Sprachwissenschaftler versuchten ihr Glück, ebenfalls erfolglos.

Jerome war Fremden gegenüber sehr argwöhnisch, liebte aber die Kinder. Am liebsten saß er nur da und schaute ihnen beim Spielen zu. Im April 1912 starb Jerome und nahm das Geheimnis um seine Identität und seine Verletzungen mit ins Grab.

Abends gaben wir Vaughn einen Stein, den wir unterwegs gefunden hatten. Das Bearbeiten von Steinen zu Schmuck war nicht nur Vaughns Hobby, es ergänzte auch die Kasse. Denn nur von einem Campingplatz kann man auf dem Digby Neck leider nicht leben.

Ich gestand ihm, dass ich ihn um seinen tollen Campingplatz beneidete und ein eigener Campingplatz ein geheimer Wunsch von mir sei. Darauf antwortete Vaughn trocken: „Lass uns in ein paar Jahren telefonieren, denn ewig möchte ich das nicht mehr machen."

Abschied von Whale Cove. Endgültig. Und wie immer, wenn man für längere Zeit an einem Ort gewesen ist, fiel auch diesmal der Abschied verdammt schwer. Nicht nur uns, auch Vaughn. Er stellte sich auf die Straße und winkte uns hinterher. Wenn wir jemals wieder nach Nova Scotia kommen, wissen wir ganz genau, wo wir unser Zelt aufschlagen werden.

Ob es dann Whale Cove, so wie wir es kennen, noch geben wird? Der Ort stirbt aus. Die private Fischindustrie ist wegen des kommerziellen Massenfischfangs komplett weggebrochen. Dafür ist ein Basalt-Steinbruch geplant, gegen den sich Widerstand regt. „Stop the quarry"-Schilder stehen überall. Die vereinzelten „Start the quarry"-Schilder stammen vermutlich von denen, die sich im Steinbruch einen Job erhoffen.

Die Meinungen gehen auseinander. Einerseits würde der Steinbruch Arbeitsplätze für die Bewohner des Digby Neck bedeuten. Andererseits würden durch die Frachtschiffe das saubere Wasser der Bay of Fundy verschmutzt, die Lebensgrundlage vieler Tierarten zerstört. Die Frachtschiffe hätten nämlich für die Fahrt nach Kanada ihre Laderäume mit Wasser aus irgendeinem Industriehafen in New Jersey gefüllt, dass sie dann in die Fundy Bay ablassen würden, um die Ladung aus dem Steinbruch aufnehmen zu können. Sollte sich der Steinbruch durchsetzen, wäre wohl auch die Zukunft des Whale Cove Campgrounds ungewiss. Leider.

5. Juli – Prince Edward Island

Heute Morgen Start bei leichtem Regen in Kentville. Das Ziel hieß Pictou. Wir waren warm eingepackt und kamen gut voran. Die kleinen Straßen ließen wir heute aus, da bei Regen das Gezuckel durch die Ortschaften kein richtiges Vergnügen ist, die Muße zum Sightseeing hatten wir heute auch nicht.

Gegen 15.00 Uhr erreichten wir Pictou, fuhren gleich weiter bis Caribou, wo die Fähre hinüber nach P.E.I., nach Prince Edward Island, ablegt. Kassiert wird nur beim Verlassen der Insel, wie uns die Frau am Fährterminal erklärte. Das bedeutet, entweder am Fährterminal in Wood Islands oder vor dem Befahren der knapp 13 Kilometer langen Confederation Bridge. (Die Confederation Bridge wurde im Jahr

1997 eröffnet und verbindet Prince Edward Island mit New Brunswick. Mit 12,9 Kilometern ist sie die längste Brücke Kanadas und ebenso die längste Brücke der Welt, die ein zufrierendes Gewässer überspannt.)

Nach einer Stunde regnerischer Fährfahrt Ankunft auf Prince Edward Island. Auf der Fähre trafen wir ein paar Motorradfahrer, von denen einer in jeder freien Minute die Augen schloss: Denis war mit seiner Freundin heute Morgen im 1.200 Kilometer entfernten Ontario aufgebrochen und saß seit über zwölf Stunden im Motorradsattel. Ob jemand einen solchen Gewaltritt in Europa wagen würde? Wohl kaum. Hier in Kanada ist das durchaus üblich.

Der Regen wurde stärker, die Motorräder ordentlich gewaschen, und wir verbrachten eine ganze Weile in der Touristeninformation, wo wir ein Motel für die Nacht suchten. P.E.I. ist ziemlich flach und die Straßen wie mit dem Lineal gezogen. Wir fuhren an der Küste entlang, böiger Wind und kalter Regen peitschten uns von rechts an. Als wir landeinwärts abbiegen mussten, wurde es schlagartig still. Rückenwind, na endlich.

Das Motel in Alliston war wohl eher eine Tankstelle mit ein paar Zimmern. Aber es war trocken, und das war das Wichtigste für heute.

Manuela: Die letzten drei Tage verbrachten wir im Cavendish Nationalpark und hielten uns einige Zeit in Avonlea auf. Hier im „Anne-of-Green-Gables-Land“ wurde Lucy Maud Montgomery geboren, die Verfasserin der Kinderbücher über die rothaarige Anne, die in Nordamerika so bekannt ist wie „Herr der Ringe“ oder „Harry Potter“.

Das Dörfchen Avonlea wurde nach der Romanvorlage aufgebaut mitsamt Kirche, Schulhaus, Schokoladenfabrik, Ställen und Scheunen. Die Romanhelden wie Anne, Diana oder Gilbert laufen in Kostümen der damaligen Zeit herum, grüßen stets freundlich und reißen einen mit ihrer charmanten und lustigen Art völlig mit.

Wir versuchten uns im Crokinole-Spiel (einem alten kanadischen Brettspiel), tranken Raspberry Cordial (Himbeerlimonade), sangen und klatschten in der Kirche beim Konzert mit, feuerten kleine Schweinchen beim Wettrennen zum Futtertrog an und schauten im Stall zu, wie die Kuh gemolken und Butter aus der Milch gezaubert wurde. Am liebsten hätte ich ein paar Küken mitgenommen, einfach nur zum Streicheln.

Wir verlebten den Tag, als wären wir durch einen Zeitsprung in die geruhsame Vergangenheit, in eine heile Welt zurückgesprungen.

Gestern Abend gab es auf dem Zeltplatz ein „Sing along“: Lagerfeuer, Gitarrenspiel, jeder bekam ein Textbuch und sang munter mit. War sehr amüsant und leider viel zu schnell vorbei. Für unterwegs hatten wir jedenfalls viele neue Lieder, die wir während der Fahrt unterm Helm trällern konnten. Hören würde uns zum Glück niemand, wenn wir „Farewell to Nova Scotia“ oder „Prince Edward Island, Island“ trällerten.

Heute zogen wir um in den Provincial Park nahe Summerside, wo das „College of Piping“ zu Hause ist. In dieser 1990 gegründeten Schule lehrt man Dudelsack spielen, trommeln, Hochlandtänze und Stepptanz.

Das Zelt stand mal wieder direkt am Wasser, der Stellplatz war größer als manches deutsche Baugrundstück. Hier in Kanada hat man eben Platz, da kommt es auf ein paar Quadratmeter nicht an. Am Horizont verschwand malerisch die Confederation Bridge im Dunst.

Matthias: Heute Morgen raus zum College of Piping, um Karten für das abendliche Konzert „Highland Storm“ zu sichern. Kamen dort mit einem älteren kanadischen Ehepaar ins Gespräch. Die beiden wollten demnächst nach Deutschland fliegen. Auf unsere Frage, wohin genau, antworteten sie: „Frankfurt, Österreich, ...“, danach langes Schweigen.

Man muss dazu sagen, dass Deutschland hier in Kanada nicht aus Städten besteht, sondern einfach nur Deutschland ist. Im Vergleich zu kanadischen Größenverhältnissen ist Europa eben sehr klein, auch Deutschland.

Zurück zum College: Kurz darauf begann eine „Hinter-den-Kulissen-Tour“, die wir sofort mitmachten. Und dabei erfuhren, dass die Ausbildung im College für Inselbewohner von acht bis 18 Jahren kostenfrei ist. Da kann man mal eben elf Jahre lang Bagpipe oder Drums lernen oder Unterricht im Stepptanz oder Highlandtanz nehmen, oder man kombiniert einfach mehrere Richtungen. Finde ich klasse.

Den Tag verbrachten wir in Summerside, aßen zu Mittag die beste Pizza mit dem dicksten Käse unseres Lebens und waren rechtzeitig zum Einlass wieder im College zurück, um gute Plätze zu sichern. First come – first serve. Erste Reihe in der Mitte, besser geht es nicht.

Die zwei Stunden waren leider sehr schnell vorbei, doch es war insgesamt ein toller Abend mit viel Pipes & Drums und Tanz dazu.

Abends vor dem Zelt holten wir aus gegebenem Anlass mal wieder unsere Twinwhistles hervor. Das sind irische Flöten, mit denen man relativ leicht ein bisschen Privat-Folk spielen kann. Leichter jedenfalls als mit einem Dudelsack. Während eines Schottlandaufenthaltes war ich der „Great Highland Backpipe“ verfallen und hatte mir eine Art Übungs-Dudelsack mit nach Hause gebracht. Man bläst das Ding mit dem Mund statt per Luftsack, was das Erlernen des Instrumentes vereinfachen soll. Das galt nicht für mich: Nach der ersten Euphorie wanderte das „Practice Canter“ in den Schrank, wo es heute noch sein Dasein fristet.

Anyway: Die Twinwhistle macht Spaß, die Kanadier sind ein tolerantes Volk, und so saßen wir immer mal wieder vor dem Zelt und flöteten uns einen.

Manuela: Langsam, aber sicher neigte sich unser Inseldasein dem Ende entgegen. Wie würden wir auf dem Festland das frische Seafood vermissen! Und das Meer und die phantastischen Sonnenuntergänge!

Bevor wir uns auf den langen Weg nach Westen machen wollten, mussten unsere Motorräder einer ordentlichen Durchsicht unterzogen werden, damit wir sicher unterwegs waren und uns nicht das eine oder andere wichtige Maschinenteil verlassen würde. Am Freitag, dem 13. hatten wir unseren ersten Werkstatttermin und heute Morgen den zweiten. So blieb uns immer eine KLR zum Herumfahren.

Es tat uns fast schon ein wenig weh, das eigene Motorrad in fremde Hände zu geben. Als würde man sein Kind zum Arzt bringen, den man nicht kennt. Man wartet bang, dass er ihm nicht weh tut und erst recht keine Krankheiten findet. Unsere Sorgen waren umsonst: Den beiden KLR ging es prima, sie waren fit für die nächsten Etappen.

Die Wartezeit verbrachten wir unter anderem mit Wattwanderungen durch P.E.I.'s roten Sand, bei denen wir allerlei Unnützes über Muscheln erfuhren, Krabben ärgerten und ich mehr als einmal voller Ekel quiekte. Spuckende Muscheln sind schon sehr garstige Geschöpfe!

Prince Edward Island ist nicht nur wegen seiner wunderschönen roten Sandstrände berühmt, denn rund ein Drittel der gesamten kanadischen Kartoffelernte, etwa 1.300 Millionen Kilo, stammt von hier, weshalb der Spitzname „Kartoffelprovinz“ (Potato Province) weitverbreitet ist.

Matthias: Nachdem wir Manuelas KLR beim „Toymaster“ abgegeben hatten, gingen wir erst mal frühstücken. Für mich gab es wieder köstliche Pancakes mit homemade Maple Sirup. Ich hatte zwar wie immer zu kämpfen, dafür reichten mir drei Pancakes für den ganzen Tag.

Danach kauften wir leere CDs und fuhren zur Schule, denn dort war ein CAP-site eingerichtet. (Das „Community Access Program“ ist eine Initiative der kanadischen Regierung, die darauf abzielt, den Kanadiern einen erschwinglichen Zugang zum Internet zu bieten und ihnen die notwendigen Fähigkeiten zu vermitteln. Das Programm spielt eine entscheidende Rolle bei der Überbrückung der digitalen Kluft und legt einen Grundstein für den elektronischen Zugang zu öffentlichen Dienstleistungen.) Manuela kümmerte sich wieder um die eingegangene Post und ich mich um die Aktualisierung der Internetseite sowie um das Brennen der Foto-CDs.

Heute hatte ich noch eine andere Aufgabe, denn unser MP3-Player hatte seinen Dienst versagt. Also alle Musik auf die lokale Festplatte spielen, die Software des MP3-Players neu installieren und die Musik wieder aufspielen. Etwas anderes fiel mir nicht ein.

Ich übertrug gerade die Musik und schrieb nebenbei eine lange Mail, als plötzlich der Bildschirm schwarz wurde. Und zwar nur meiner. Der Grund: Der kleine Junge neben mir, der eben noch Spongebob spielte, hatte einfach den Schalter an der Stromverteilerleiste umgelegt. Die Erzieherin entschuldigte sich sofort, und ich war ihm auch nicht böse. Waren wir hier doch in einer Integrationsschule, und der Kleine hatte sicherlich Probleme, die ich nicht haben wollte.

Also Schalter wieder umgelegt und den PC neu gestartet. Die Musikübertragung war natürlich fehlgeschlagen, die Mail ebenfalls futsch. Gerade hatte ich die Mail wieder zu zwei Dritteln geschrieben, als ich aus den Augenwinkeln heraus eine verdächtige Handbewegung in Richtung Stekkerleiste sah. „Nooooooo!“ Doch zu spät, alles war wieder schwarz.

Jetzt wurde die Erzieherin richtig böse und schimpfte den Bengel aus, was ihn aber nicht wirklich störte. Schließlich schnappte sie sich ihn und warf ihn hinaus. Irgendwie tat mir der Kleine leid, denn das Spielen am PC war für ihn sicher eine willkommene Abwechslung.

Am Nachmittag wollten wir Manuelas KLR abholen, doch sie war noch nicht fertig. Der Mechaniker fragte, ob die Temperaturleuchte früher schon einmal gebrannt hatte und nicht ausgegangen war. Mir war klar, worauf er hinaus wollte, und ich konnte ihn beruhigen: Dieser Punkt war mir damals beim Kauf auch aufgefallen.

Die KLR hat das Kawasaki-untypische Phänomen, dass die Temperaturkontrollleuchte erst erlischt, wenn man einen Gang einlegt. Bei allen anderen Kawasaki-Motorrädern erlischt die Leuchte, sobald man den Motor startet. Als ich dem Mechaniker das erzählte, atmete er tief durch und verschwand in der Werkstatt. Sie hatten lange nach dem vermeintlichen Fehler gesucht, aber nichts gefunden.

Am 17. Juli verließen wir Prince Edward Island über die Confederation Bridge. Kurz davor hielten wir an einer Tankstelle, wo ich die Kamera an den Helm bastelte. Auf der anderen Straßenseite heulte plötzlich eine Polizeisirene auf. Ein Pick-up stoppte, der Streifenwagen gleich dahinter. Was war los? Es ging um den Hund. Der durfte auf der Ladefläche nicht ohne Leinensicherung mitfahren.

Wir bezahlten unsere 16,25 kanadischen Dollar (etwa zehn Euro), und rauf ging es auf den großen Betonsteg. Das Wetter war traumhaft, es ging kaum Wind. Ideales Wetter, um 13 Kilometer weit über Wasser zu fahren.

Auf dem Festland angekommen, blieben wir gleich auf dem Trans Canada Highway. Waren wir doch sehr lange auf P.E.I. gewesen und wollten nun etwas Strecke machen. Das bedeutete: 300 Kilometer bis nach Fredericton bei Gegenwind oder Wind von schräg vorn. Ermüdend. Da waren die großen Trucks eine willkommene Abwechslung. Wenn sie knapp an einem vorbei sind, gerät man in ihren Sog. Erst ist alles windstill, dann wird man ordentlich durchgeschüttelt.

Ein Tag auf dem Trans Canada Highway. Raus aus dem Bundesstaat New Brunswick, rein nach Quebec. Wegen des Zeitzonenwechsels an der Provinzgrenze bekamen wir eine Stunde geschenkt und waren nun sechs Stunden hinter Deutschland zurück.

Stopp an der ersten Information, wir brauchten eine Straßenkarte für die französischste aller Kanadaprovinzen. Auf dem Parkplatz sprach uns ein Mann an. Der konnte kein Englisch, wir kein Französisch – das Treffen endete ohne Dialog.

Mit „Klein-Frankreich" wurden wir irgendwie nicht warm. Auch, weil dieser Spitzname durchaus wörtlich zu nehmen ist. Kanada hat zwei Landessprachen, und in den Atlantikprovinzen New Brunswick, Prince Edward Island und Nova Scotia sind die Straßenschilder meist in Englisch und Französisch. Doch hier in Quebec sieht man nur noch französische Buchstaben. So schnell, wie wir an den Schildern vorbeifuhren, konnte ich sie gar nicht lesen, geschweige denn übersetzen.

Auf dem Zeltplatz auf P.E.I. hatten wir einen Zeltnachbarn, der bei unseren Plaudereien genauso nach den englischen Worten suchen musste wie wir.

Manuela hatte so ihre ganz persönlichen Erlebnisse mit Quebecianern, die uns darin bestärkten, diese Provinz als schnelle Transitstrecke zu durchfahren. Da war die Lady in ihrem Van, die sie fast von der Straße drängte. Da war der Mann auf dem Parkplatz, der einfach ohne zu schauen die Straße überquerte und ihr fast ins Vorderrad lief. Da waren – na ja, noch viele weitere Kleinigkeiten.

Also morgen weiter nach Ontario. Mal schauen, wie das Wetter würde, und ob wir von unterwegs einen Blick auf die City von Quebec-Stadt werfen könnten.

Auf P.E.I. blühte noch der Raps, in New Brunswick standen die Kartoffeläcker schon in guter Reife, und jetzt in Ontario konnte man bereits die Maisfelder riechen. Und in Quebec? Was war eigentlich in Quebec?

Die Provinz Quebec gefiel uns definitiv nicht. Petrus schien sie auch nicht leiden zu können und schickte dunkelgraue Wolken, die sich jedes Mal erleichterten, wenn wir durch die Innenstädte von Quebec und Montreal mussten.

Wir waren gestern vom Motel gestartet und gerade auf dem Trans Canada Highway unterwegs, als an meiner KLR die Warnleuchte der Kühltemperatur anging. Ab auf den Standstreifen und schauen, was da los war. Das Problem hatte ich in Deutschland schon einmal, da war es die Sicherung. So galt dieser mein erster Verdacht. Tankrucksack runter, Tankseitentaschen runter, Sicherung getauscht. Sah zwar gar nicht defekt aus, aber einen Versuch war es wert.

Das alles passierte mit einer Hand am Motorrad. Denn der Seitenstreifen war nach rechts abschüssig, wodurch der Seitenständer die Fuhre nicht wirklich schräg stellte. Die

Lkw fuhren zwar auch nur 110 Stundenkilometer, aber das reichte, um dem Motorrad das letzte Quäntchen Schwung zu verleihen, um eine negative Positionsänderung auszuführen.

War es die Sicherung? Motor an, Warnleuchte war aus, alles klar. Gepäck wieder befestigen, und weiter ging es.

Wir kamen nach Quebec, wo uns tiefgrauer Nebel und Sprühregen empfingen. Fleißig das Visier wischend und auf den kreuz und quer fahrenden Verkehr achtend, fuhren wir durch die Stadt und sahen außer ein paar Brückenpfeilern und den Gehwegen neben den Straßen rein gar nichts.

Auf der Nordseite des Sankt-Lorenz-Stroms nach Südwesten Richtung Montreal. Über den Strom mit seinem langen Mündungstrichter wickelt Kanada den Großteil seines internationalen Seeverkehrs ab.

Kurz vor Montreal zeigte der Regen, wie fies er sein kann und holte seinen besten Freund dazu, den Nebel. Als ob wir nichts von Land und Leuten sehen sollten. Wir zuckelten nach Montreal rein, es staute an allen Ecken und Enden. Der Tunnel unter der Stadt stand unter Wasser, und nun zwängte sich der Verkehr von drei Highways mitten durch Montreal.

Zu allem Überfluss sprang die Kühlmittelwarnleuchte wieder an. Runter von der großen Straße und einen Parkplatz mit Überdachung gesucht. Ein Stück weiter endlich ein Einkaufszentrum. Gerettet! Fürs Erste. Die Fehlersuche ging von vorn los, denn die Sicherung schien es also nicht gewesen zu sein. Und wie ich da im Regen so vor dem Tank hockte und die Riemen der Tankseitentaschen löste, fiel mir ein frei baumelndes Kabel mit Kabelschuh am Ende auf. Na klasse! Kabel angesteckt, und alles war wieder in Ordnung. Wahrscheinlich hatte ich das Kabel heute Morgen beim Verzurren der Tankseitentaschen abgezogen. Bei der ersten Pause war es mir nicht aufgefallen, weil die Sicherung auf der rechten und das Kabel auf der linken Motorseite sitzt.

Weiter im großen Schwarm durch Montreal. Plötzlich kamen jede Menge orangefarbene Schilder in Sicht, leider alle auf Französisch, und wir blieben unwissend. Könnte das eine Umleitung gewesen sein? Vielleicht. Sollten wir der folgen? Vielleicht. Wir taten es und kamen tatsächlich über Umwege aus Montreal heraus.

Jetzt aber nix wie fort von hier. Wir zählten die Kilometer bis zur Grenze nach Ontario. Dort herrschten von einem Meter auf den anderen komplett gegensätzliche Verhältnisse: Die Leute fuhren wieder entspannt, hie und da ein Winken und Grüßen aus den Autos heraus und vor allem wieder Schilder an der Straße, die wir verstanden.

Manuela: Ich fand Quebec extrem blöd. Jede andere Provinz hat ihre Straßenschilder, Baustelleninformationen und so weiter in Englisch und in Französisch. Quebec denkt gar nicht daran. Wenn man außer „Café au lait“ nix weiter in Französisch kann, versteht man nicht viel von Quebecs Aussagen.

Als wir heute in Ontarios Metropole Toronto einfuhren, ausgerechnet an einem Freitagnachmittag, Tausende Autos glitzerten in der Sonne im Stau – selbst da war das Fahren im Stop-and-go-Verkehr weniger chaotisch als im verflixten Montreal.

21. Juli – Toronto, eine angenehme Metropole

Matthias: Es klingt unglaublich, ist aber wahr: Mitten in dieser Großstadt gibt es einen Campingplatz. Stellt euch das mal im New York Central Park vor oder in Frankfurts Palmengarten.

Heute war Stadterkundung angesagt. Und selbst wir als bekennende Großstadt-Vermeider müssen eingestehen, dass Toronto eine schöne Stadt ist. Nicht zu groß (etwa 650.000 Einwohner), sehr sauber und mit einer der niedrigsten Kriminalitätsraten nordamerikanischer Großstädte gesegnet.

Mit dem „Hop-on-Hop-off-Bus“ ging es kreuz und quer durch die Stadt. Es war Samstag, und wir sahen viele Brautpaare, die sich in den diversen Parks oder im berühmten

Casa Loma mitsamt ihrem Hofstaat fotografieren ließen.

Als wir am Nachmittag die Front Street entlangschlenderten, kamen uns Unmengen von Indern in quietschbunten Gewändern entgegen. Wir gingen ein Stück gemeinsam, bevor die bunte Schar in die Wellington Street einbog und wir uns dort inmitten einer bunten Prozession wiederfanden. Die Inder sangen und klatschten in die Hände. Da wir wissen wollten, was hier vor sich ging, fragte Manu einen der vielen Polizisten, die mit Fahrrädern unterwegs waren und die Kreuzung absperrten. So ganz kapierten wir seine Erklärungen nicht. Irgendwie ging es um einen wichtigen Tag für die Inder, um Tempel und um Tiere.

Wie auch immer, wir ließen die Inder ihr Ding machen und kümmerten uns um die Tickets für den CN-Tower. (Der CN-Tower, Canadian National Tower, in Toronto ist 553,34 Meter hoch und damit der höchste Fernsehturm der Welt. Auf 447 Metern befindet sich der Sky Pod, die höchste Aussichtsplattform der Welt. Bei klarem Wetter reicht die Sicht 120 Kilometer weit. Oft kann man sogar die Gischt der Niagara Fälle sehen.)

Kurz vor Sonnenuntergang fuhren wir zur Aussichtsplattform hoch, wobei schon diese Fahrt ein kleines Abenteuer war, denn die Aufzugskabinen gleiten an der Außenseite des Turmes entlang hinauf zur ersten Aussichtsplattform. Oben angekommen, geht das Abenteuer gleich weiter: Ein Teil des Bodens ist als durchsichtiger Glasboden ausgebildet. Ursprünglich war der komplette Rundgang aus Glas. Da sich aber viele Menschen nicht trauten, darauf zu laufen, wurden Dreiviertel mit Teppich abgedeckt.

Interessanterweise marschierte Manu, die sonst gewaltigen Höhenbammel hat, sofort übers Glas. Ich hingegen, das gebe ich gerne zu, benötigte dafür mehrere Anläufe. Als ich es endlich geschafft hatte, stellte sich ein Teenager neben mich und hüpfte und trampelte auf dem Glasboden herum. Ich hätte ihm eine reinhauen können! Aber: gelassen bleiben und das alles als Training für den Grand Canyon betrachten.

Zurück auf Mutter Erde spazierten wir rüber zum Rogers

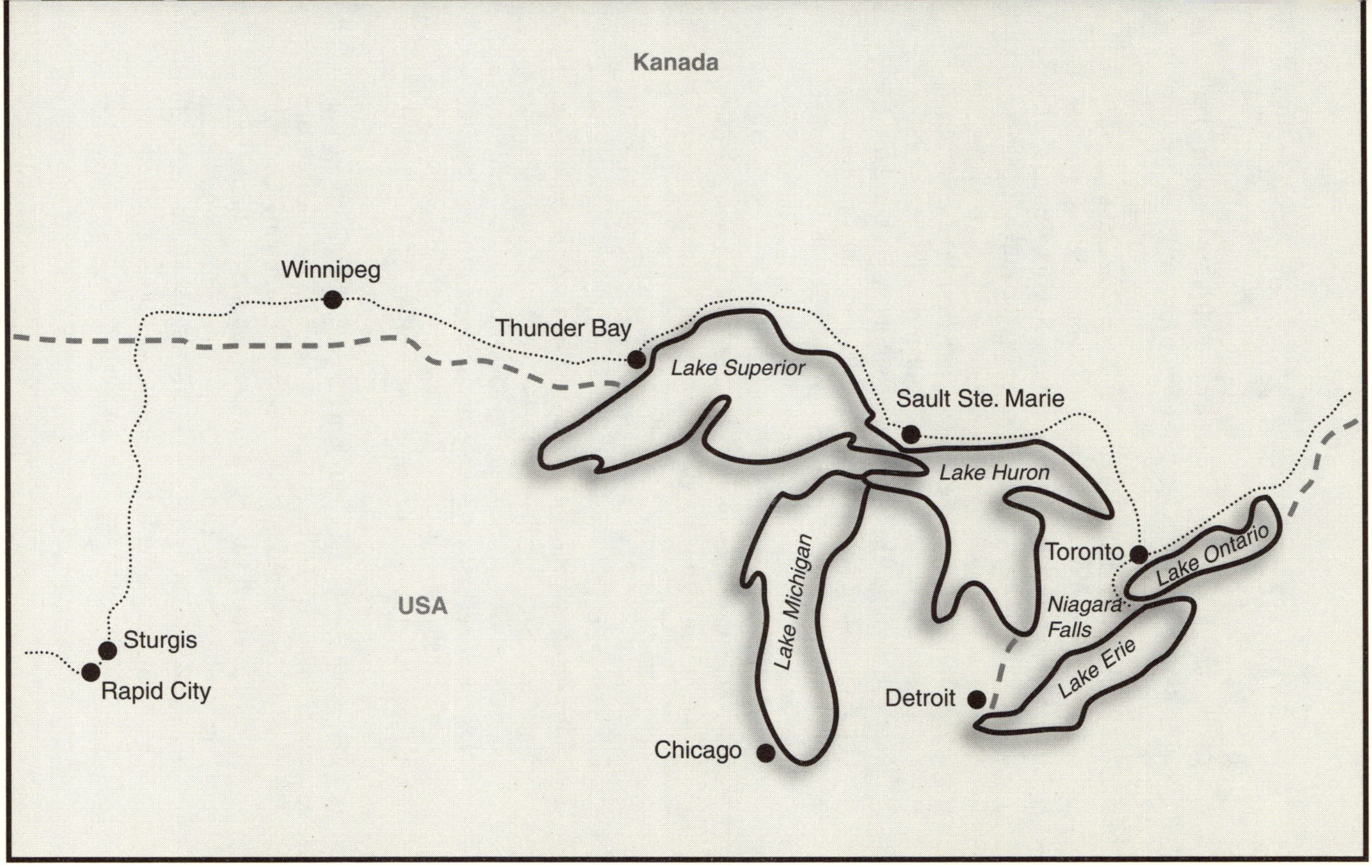
Kanada
Winnipeg
Thunder Bay
Lake Superior
Sault Ste. Marie
Lake Huron
Toronto
Lake Ontario
Niagara Falls
Lake Erie
Lake Michigan
Detroit
Chicago
USA
Sturgis
Rapid City

Centre. Die 54.000 Plätze fassende Arena ist die Heimat der Blue Jays (Baseball) und der Argonauts (Canadian Football) und verfügt als erste Sportarena der Welt über ein komplett zurückfahrbares Dach sowie über die größte Videotafel der Welt.

Gleich neben diesem imposanten Stadion steht ganz unauffällig ein Denkmal für die 17.000 chinesischen Gastarbeiter, die unter höchstem körperlichem Einsatz für die Canadian Pacific Railway die Eisenbahnstrecke durch die Rocky Mountains verlegten.

Ein kanadischer Arbeiter, ein sogenannter „Navy“, verdiente zwischen einem und 2,50 Dollar pro Tag, musste aber Essen, Kleidung, Transport zum Bauplatz, Post und ärztliche Behandlung selbst bezahlen. Mit zweieinhalb Monaten knochenharter Arbeit konnte er somit höchstens 16 Dollar verdienen.

Die chinesischen Arbeiter erhielten noch weniger, zwischen 0,75 und 1,25 Dollar pro Tag. Überweisungen nach Hause waren damit so gut wie nicht möglich. Über 4.000 von ihnen überlebten ihren Einsatz nicht, da ihnen stets die gefährlichsten Aufgaben zufielen, zum Beispiel der Umgang mit Dynamit. Die Familien der ums Leben gekommenen Chinesen erhielten keine Entschädigung, ja nicht einmal eine Nachricht vom Tod ihres Verwandten. Viele von denen, die überlebten, hatten nicht genug Geld, um nach China zurückzukehren und mussten jahrelang vor Ort in erbärmlichen Verhältnissen hausen. Insgesamt ist das ein eher düsteres Kapitel in der kanadischen Geschichte.

Kuriosität des Tages: Heute um Punkt 0:00 Uhr öffneten die Buchläden ihre Türen, denn der Verkauf des siebten und letzten Harry-Potter-Bandes begann. Durch eine Logistikpanne hatten jedoch Tausende Onlinebesteller ihren Harry Potter schon einige Tage früher bekommen. Sie wurden alle angeschrieben und gebeten, das Buch nicht vor dem 21. Juli zu öffnen. Na, daran haben sich bestimmt alle gehalten.

Am 22. Juli war der 100. Tag unserer Reise, knapp 8.000

Reisekilometer standen auf dem Tacho. Wir verließen Toronto wieder. Die heutige Etappe wurde im Vergleich zu den letzten Tagen nur ein Katzensprung. Wir frühstückten in Ruhe und starteten gegen 12.00 Uhr in Richtung Niagara Fälle. (Der Niagara River verbindet den Eriesee mit dem Ontariosee, ist zugleich die östliche Grenze der Niagara Halbinsel und stürzt 58 Meter in die Tiefe. Die Insel Goat Island, die Ziegeninsel, trennt die Wasserfälle in zwei Teile, den US-amerikanischen und den kanadischen.) Nur einmal gab es ein kurzes Stück Stop-and-go-Verkehr, während sich auf der Gegenspur in Richtung Toronto ein Stau an den anderen reihte. Wieder mal Glück gehabt.

Als wir im Ort Niagara Falls einrollten, begrüßte uns ein großer farbenprächtiger Regenbogen. Auf der Suche nach einem Zeltplatz sahen wir ein Motel nach dem anderen, die angeschriebenen Preise starteten bei 35 Dollar. Das klang gut.

Am Zeltplatz unserer Wahl fragten wir nach einem Stellplatz. 39 Dollar? Für ein Stück Wiese ohne Schatten? Uns erschlug es fast. Es herrschten zwar angenehme 20 Grad, aber die Sonne heizt ein Zelt natürlich sehr schnell auf. Na, da schauten wir uns doch lieber noch etwas um. Schon beim zweiten Motel hatten wir Erfolg und ergatterten für 35 Dollar ein Zimmer mit eigenen Bad, Kochecke, Kühlschrank und – natürlich – Klimaanlage.

Gepäck verstauen, dann gleich ab in die Stadt. Alle Parkplätze waren kostenpflichtig, und so fuhren wir neben dem Restaurant Planet Hollywood in ein Parkhaus. Wird schon nicht so teuer sein, dachte ich bei mir. Auf dem Weg in die Stadt hatte ich nämlich gelesen, dass man in Niagara Falls schon für zehn Dollar den ganzen Tag parken kann. Und wir wollten ja nur ein Stündchen bleiben, um eine Kleinigkeit zu essen.

Bei der Ausfahrt fiel ich daher am Kassenhäuschen fast vom Motorrad, als der Typ 15 Dollar für uns beide wollte. Für eine Stunde parken. Die Erklärung: Hier wird nur tageweise abgerechnet. Tja, hätte man wissen sollen. Großartige Verhandlungen waren schlecht möglich, da sich hinter mir bereits der Verkehr staute und ich nicht mehr zurücksetzen konnte. Also Lehrgeld bezahlen und beim nächsten Mal vorher erkundigen.

Weiter zu den Fällen. In Sachen Parkplätze schlauer geworden, stellten wir uns einfach zu ein paar Motorrädern, die irgendwo am Straßenrand parkten. Dann gingen wir zu den Fällen und sicherten uns einen schönen Platz am Geländer. Ein paar Leute meinten, dass es in Kürze ein Feuerwerk geben würde. Fein, darauf wollten wir warten.

Die Niagara Fälle sind zweigeteilt. Da gibt es den hufeisenförmigen Wasserfall, der zu Kanada zählt, und einen Wasserfall, der zu den USA gehört, der aber nicht so spektakulär ist. Das ist wohl der Grund, dass man auf Fotos von den Niagara Falls immer nur den kanadischen Teil sieht.

Es dunkelte langsam, die Wasserfälle wurden mit Scheinwerfern angestrahlt, die immer wieder verschiedene Farbkombinationen auf die Fälle warfen. Ein beeindruckendes Schauspiel, mehr und mehr Menschen kamen hinzu. Schließlich verloschen die Lichter, und das Feuerwerk begann. Raketen zischten über den Niagara River und erhellten die Fälle und die Rainbow Bridge, die den Fluss überspannt und die USA mit Kanada verbindet. Wunderschön, das Warten hatte sich gelohnt.

Am Tag darauf standen einige Unternehmungen auf dem Programm. Nummer eins: Die „Maid of the Mist"-Tour, bei der wir in blaue Regencapes gehüllt bis knapp unter die kanadischen Wasserfälle fuhren. (Maid of the Mist – Jungfrau der Gischt – heißen die Boote, die bis dicht unter die Sturzfluten der Fälle fahren. Die eigentlichen Maids of the Mist waren irokesische Mädchen, die geopfert wurden, indem man sie in ein mit Früchten und Blüten gefülltes Kanu setzte und der Gewalt des Niagara River übergab.)

Unsere Jungfrau schaffte uns so dicht an die Horseshoe Falls heran, dass wir vom Nebel eingehüllt und von der

Gischt aufgeweicht wurden. Erkenntnis: Erst wenn man unterhalb der Fälle herumdümpelt, erkennt man ihre wahren Ausmaße. Durchschnittlich 4.200.000 Liter Wasser pro Sekunde fluten über die Kante. Unglaublich. Noch unglaublicher ist jedoch, dass sich immer wieder Menschen dort hinabstürzen. Nein, das wäre so gar nichts für mich.

Selbstverständlich wird heutzutage Energie aus diesen Wassermassen gewonnen. So werden die Wasserfälle nachts, außerhalb der Saison sowie bei geringer Frequentierung durch Touristen auf bis zu zehn Prozent der ursprünglichen Wassermenge gedrosselt und die verbleibenden 90 Prozent über ein Stauwehr für die Stromgewinnung umgeleitet. Zu Saisonzeiten werden die Wasserfälle sprichwörtlich per Knopfdruck allmorgendlich angeschaltet.

Wieder an Land, machten wir uns auf den Weg zur „Journey behind the Falls"-Tour, zur Reise hinter die Fälle. Dieses Mal bekamen wir gelbe Capes, die uns trocken halten sollten. Sollten. Denn die Einheitskonfektionsgröße von geschätzten XXXXXL sorgte dafür, dass uns die Capes nur so um die Ohren wehten. Durch ein Tunnelsystem gelangte man hinter die Fälle. Dabei wummerte und donnerte es derart um einen herum, dass man Angst bekam, die Flut käme durch den Tunnel.

Damit nicht genug: Auf zwei Aussichtsplattformen konnte man sich die volle Dusche abholen. Die Fälle schienen dort von unten nach oben zu fallen oder von den Seiten zu kommen. Das ging im wahrsten Sinne des Wortes unter die Haut. Fotografieren ohne Unterwasserkamera war unmöglich.

Wieder am trockenen Parkway angekommen, fuhren wir mit dem Bus zum ein paar Kilometer entfernten „White Water Walk". Dort kann man über Holzbrücken einen Teil der großen Schlucht erwandern und die Stromschnellen bestaunen, durch die sich schon einige Menschen in Fässern, Booten oder einfach schwimmend getraut haben. Viele überlebten das Abenteuer nicht und bezahlten den vermeintlichen

Ruhm mit dem Leben. Einige kamen zwar gut durch die Stromschnellen, hingen dann aber in dem folgenden immensen Strudel fest. Erst Tage später wurden sie geborgen. Man kann eben nicht alles haben.

Die beeindruckendste Geschichte erlebte der damals siebenjährige Roger Woodward. Am 9. Juli 1960 fiel er oberhalb der kanadischen Fälle über Bord eines gekenterten Motorbootes und stürzte die Fälle hinunter. Er trug nur Badehose und Rettungsweste. Nicht zu fassen: Roger wurde von der Mannschaft des Ausflugsbootes „Maid of the Mist II", das zufällig in der Nähe war, geborgen. Bis auf eine leichte Gehirnerschütterung, wegen der er drei Tage im örtlichen Krankenhaus behandelt wurde, blieb er unverletzt. Glück hatte auch seine Schwester Deanne, die von zwei Passanten nur wenige Meter oberhalb der Fälle aus der Strömung des Niagara River gezogen wurde. Hingegen ließ James Honeycutt sein Leben. Der Freund der Familie, der die Geschwister auf die Bootsfahrt mitgenommen hatte, stürzte die Fälle hinab, seine Leiche wurde nach vier Tagen gefunden.

Die letzte Nacht in Niagara Falls. Um 7.00 Uhr klingelte zwar der Wecker, doch aufgestanden wurde viel, viel später. Beim Packen platzte eine Naht der Küchengepäckrolle, die wir notdürftig mit Gewebeklebeband flickten. Jetzt extra die Ersatzrolle hervorkramen? Muss nicht sein. Den einen Tag würde das Flickwerk schon halten. Außerdem fuhr Manuela ja hinter mir und konnte die Rolle im Auge behalten.

Grobe Richtung Toronto. Der Highway war frei, die Fahrt dadurch entspannt. Toronto streiften wir nur.

Routinemäßig ging mein Blick regelmäßig zurück zu Manuela. Wir hatten mittlerweile ein eingespieltes Hand- und Blinkzeichensystem entwickelt, mit dem wir uns verständigten. Gerade waren wir an einer Abfahrt vorbeigekommen, als ich einen „Bass Pro Shop" entdeckte. Bass Pro ist eine große Ladenkette, die sämtliche Bereiche des Outdoorlebens abdeckt. Von Campingausrüstung über Jagd- und Angelzeugs bis hin zu Motorbooten gibt es dort alles. Und sicher auch Küchenrollen. Für eine Vollbremsung und einen schnellen Haken war es jedoch zu spät, und so tuckerte ich weiter.

Kurz darauf schaute ich wieder in den Rückspiegel und sah Manuela mit erhobenem Arm winken. Umkehren? Dann hatte sie den Laden wohl auch gesehen. Die nächste Abfahrt war unsere, und keine fünf Minuten später parkten wir unter dem riesigen Fisch, der über jedem Bass-Pro-Eingang hängt. Manu schaute mich irritiert an. Sie hatte weder diesen Laden gesehen noch mir Zeichen gemacht. Einfach nur winken wollte sie, mehr nicht.

Anyway: Wir fanden eine tolle Tasche mit Rollverschluss.

Nach den „hektischen“ Tagen in Toronto und Niagara Falls wollten wir unbedingt eine Erholungs- und Entspannungspause einlegen und folgten der Einladung von Nelson und Lorraine in den Algonquin Nationalpark. Drei Tage Kanufahren wartete ja dort auf uns.

Es wurden drei sehr ruhige Tage. Tage, in denen wir die Natur genossen, abends auf der Veranda des Campingplatzbüros unser wohlverdientes „Klondike“-Eis naschten und die Seele baumeln ließen. Jeden Tag waren wir mit dem Kanu unterwegs, hatten schwere Umtragungen zu meistern, schwammen im Manitou-Lake, waren über das Gebrüll der Bull Frogs erstaunt, ließen uns mehr als einmal einfach so über den See treiben und lauschten der Stille, die nur durch das Rauschen der Bäume und dem gelegentlichen Hämmern eines Spechtes unterbrochen wurde. Außerdem holten wir uns Sonnenbrand auf die kalkweißen Beine, die ja ansonsten immer unter Motorradhosen versteckt waren. Die Entspannung endete schließlich in Schultermuskelverspannung – also wieder rauf aufs Motorrad.

Nelson holte das Kanu wieder ab und lud uns – große Überraschung – zu sich nach Hause ein. Da seine Frau Lorraine eine Native, also indianischer Abstammung, ist, erfuhren wir an diesem Tag viel über das Leben der Natives in früheren und heutigen Zeiten. Sehr interessant und lehrreich, und einiges wäre wirklich übernehmenswert – gerade in heutigen Zeiten.

Die beiden servierten Elchfleisch, das ziemlich gut schmeckte. Kein Gramm Fett, was mir sehr recht war. Endlich konnten wir auch mal in das alltägliche Leben hineinschnuppern und mithelfen. So hatten wir uns das vor der Reise gedanklich ausgemalt und gewünscht. Wir fuhren mit Nelsons Pick-up ein paar Kanus zum Campingplatz und holten andere Kanus zurück, die in den nächsten Tagen nicht vermietet waren. Während ich Nelson beim Kanureparieren zur Hand ging, half Manu Lorraine im Haushalt. Die beiden schwatzten und kicherten beim Maiskochen wie Teenager – lag wohl am prozenthaltigen Fruchtcocktail, den sie sich dabei genehmigten.

Abends saßen wir lange zusammen und plauderten und sangen. Lorraine arbeitete gerade an einer Drum, einer Trommel, die nach Montreal geschickt werden sollte, damit das Olympische Komitee prüfen konnte, ob dieses Instrument indianischer Abstammung ein zertifiziertes „Olympic Item“ werden durfte.

Am Morgen weckte uns Lorraine mit indianischen Gesängen, die sie in der Küche beim Frühstückmachen vor sich hin trällerte. Zum Abschied sang sie uns noch einen indianischen Segen für eine weitere sichere Reise. Wieder einmal sagten wir mit Wehmut Adieu.

4. August – Friendly Manitoba

Die letzten Tage fuhren wir nordwärts um die großen Seen, den Lake Huron und den Lake Superior. Dabei freuten wir uns sehr über die Abkühlung am Lake Superior. Genau, AM Lake Superior und nicht IM Lake Superior. Die große Wasserfläche wirkt quasi wie ein Meer: Wenn man in ihre Nähe kommt, kühlt die Luft mal eben um zehn Grad ab. Bei 30 Grad im Algonquin Park eine angenehme Erfrischung.

Irgendwann auf dem TCH, dem Trans Canada Highway,

schlossen wir zu einem Goldwing-Trike auf. Überholen oder hinterherfahren? Hinterherfahren, denn heute fand ich es angenehm, mal nicht den Ersten spielen zu müssen. Ein Schild am Straßenrand wies darauf hin, dass in der nächsten Stunde keine Servicemöglichkeit kommen würde. Und tatsächlich fuhren wir exakt eine Stunde lang hinter dem Trike durch den Wald. Nach 400 Kilometern bog unser Trio gemeinsam zu einer Tankstelle ab. Highway, Gegenwind und Beladung forderten ihren Tribut.

Thunder Bay, diesen Ort kannten wir schon aus dem Wetterbericht. „Thunder Bay“ heißt übersetzt Donnerbucht, und fast jeden Tag tönte es im Wetterbericht: „Thunderstorms in Thunder Bay“. Heute zeigte sich die Bucht mal von ihrer freundlichen Seite, und wir konnten bei strahlendem Sonnenschein den Tag beschließen.

100 Kilometer vor Thunder Bay heißt der Trans Canada Highway auch „Terry Fox Courage Highway“. Terry Fox war ein junger sportlicher Mann, bei dem man im Alter von 18 Jahren Knochenkrebs diagnostizierte. Ein Jahr später wurde sein rechtes Bein 15 Zentimeter oberhalb des Knies amputiert.

Doch Fox gab sich nicht auf. Weil er während seiner Behandlungen so viele Krebsleidende sah, meist Kinder, wollte er irgendetwas unternehmen. Also plante er den „Marathon of Hope“, den Marathon der Hoffnung, und wollte ganz Kanada durchlaufen. Marathon deswegen, weil er jeden Tag eine Marathondistanz zurücklegen würde.

Nach über 5.000 Trainingskilometern startete er am 18. April 1980 seinen Lauf in St. John's (Newfoundland). Anfänglich nahm man wenig Notiz von ihm. Doch je weiter er kam, desto mehr interessierte es die Medien, desto mehr Spendengelder kamen zusammen. Leider konnte Fox seinen Marathon nicht beenden, denn am 1. September 1980, also nach 143 Tagen und 5.373 gelaufenen Kilometern, musste er aufgrund seiner zu stark vom Krebs befallenen Lunge abbrechen. Er starb am 28. Juni 1981 im Alter von 22 Jahren.

Noch heute gibt es immer wieder Menschen, die das Thema aufgreifen und den TCH entlanglaufen. Zwei von ihnen sahen wir. Sie waren sicher in Gedenken an Terry Fox unterwegs.

Kenora heißt ein Ort in Ontario, der ungefähr die Mitte von Kanada bildet, in Ost-West-Ausdehnung betrachtet. Kenora war das heutige Ziel. Unterwegs machten wir kurz Rast an einer Highwayabfahrt, als ein Pick-up zu uns einbog und stoppte. Zuerst das übliche Woher, Wohin. Dann fragte der Fahrer:

„Wollt Ihr ein Bier?"

„Oh, danke nein. Es ist erst Mittag und wir müssen noch fahren."

„Verstehe, und ihr wollt wirklich keins?"

„Nein, wirklich vielen Dank."

„Für später vielleicht?"

„Das wäre okay."

Der Mann freute sich sehr, drückte uns zwei eisgekühlte Bierdosen in die Hände, stieg in seinen Pick-up und war genauso schnell verschwunden, wie er gekommen war. Auf seinem Kennzeichen stand „friendly Manitoba" – da ist wohl was dran.

In Kenora fuhren wir zur Information. Ein Mädel, das wir anscheinend beim Chatten gestört hatten, meinte, wegen des langen Wochenendes und des Hafenfestes in Kenora seien alle Campgrounds überfüllt. Auf die Frage nach einem preiswerten Motel nannte sie das „Holiday Inn". Alles klar. Vergiss es.

Gerade als wir uns fürs Weiterfahren entschieden hatten, kam ein Harley-Gespann um die Ecke. Dann noch ein Motorrad und noch eins und noch eins und … und irgendwann standen wir eingeparkt mitten in einer zirka 40-köpfigen Motorradtruppe, die alle das gleiche Abzeichen auf dem Rücken trugen.

Da ich selbst einige Jahre Mitglied eines Motorradclubs war, wussten wir sofort, was hier abging: eine gemeinsame

Ausfahrt. Der Mann im Gespann erhob sich, sprach zu den anderen ein paar erläuternde Worte und erklärte ihnen so das weitere Vorgehen.

Irgendwann bekamen sie mit, dass wir gar nicht zu ihnen gehörten, und sie uns am Wegfahren hinderten. Ein paar wollten gleich Platz machen, doch wir winkten ab und schauten weiter gespannt zu. Mit den neben uns Parkenden kamen wir leise ins Gespräch, denn wir wollten ja nicht die Ansprache stören. So erfuhren wir, dass dies das alljährlich stattfindende National Meeting der Canadian Army Veterans war. (The C.A.V., the Canadian Army Veterans, ist ein Motorradclub für ehemalige und aktive Angestellte der kanadischen Armee. Viele von den über 3.000 Mitgliedern haben schlimme Dinge gesehen und erlebt oder waren selbst leidtragend beteiligt. Um den Veteranen die Wiedereingliederung zu erleichtern und auch zur Unterstützung vieler anderer humanitärer Einrichtungen hat sich die C.A.V. gegründet und seit ihrer Gründung im Jahre 2003 bereits über fünf Millionen Dollar gesammelt und gespendet.)

Wir plauderten und erzählten auch von unserem Problem der Unterkunftssuche. Dazu meinten sie ganz locker: „Kein Problem. Fahrt hinter uns her.“ Okay, warum nicht?

Sie führten uns zu einem Motel, wo genau noch ein Zimmer frei war. Leider zu teuer für uns. Dann eben doch weiterfahren. Ob wir Schlafsäcke dabei hätten, wollten ein paar Jungs wissen. Klar, haben wir. „Dann könnt ihr bei uns im Zimmer schlafen, kein Problem.“ Wir waren baff. So einfach und komplikationslos. Ob das bei einem deutschen Motorradclub ebenso gegangen wäre? Ich bezweifle es.

„Trapper“, der Mann mit dem Gespann und Präsident des Clubs, hielt eine weitere Ansprache. Es gab Anerkennungen für Neumitglieder, für langjährige Mitarbeit, für besondere Leistungen, und auf einmal fielen unsere Namen, und Manu bekam etwas in die Hand gedrückt.

Dann stellte sich Pete uns vor. Ob wir ein Zimmer hätten? Wir erzählten ihm von dem Angebot dieser Jungs. „Nehmt einfach mein Zimmer, ich schlafe bei Freunden.“ Pete führte uns zum Hotel, wo ein riesiges Zimmer mit zwei großen Betten auf uns wartete. Zuerst gar keine Unterkunft und jetzt gleich so eine.

Abends ging es mit dem Club zum Essen, wo es sich ein gewisser C. J., alias „Grandpa“, nicht nehmen ließ, uns einzuladen. Zuerst war uns das gar nicht recht, aber alle meinten, wir sollten solche Einladungen ruhig annehmen. Die Kanadier würden sich einfach freuen, dass jemand so weit reiste, um ihr Land zu besichtigen.

Das Feuerwerk zum Hafenfest sowie zwei Sternschnuppen bildeten den grandiosen Abschluss unseres ereignisreichen 25-Stunden-Tages, denn in Ontario war wieder ein Zeitzonenwechsel. Nun waren wir sieben Stunden hinter Deutschland zurück.

Die C.A.V.s waren übrigens nicht die einzigen Kuttenträger im Hotel, um die 20 Hells Angels wohnten ebenfalls im Haus. (Die Kutte bezeichnet in der Motorradfahrerszene eine ärmellose Jeans- oder Lederweste zum Tragen der Abzeichen eines Rockerclubs oder einer Fahrgemeinschaft. Mit der Kutte drückt der Träger seine Zugehörigkeit zu seinem Motorradclub oder einer Motorradfahrgemeinschaft aus. Des Weiteren tragen viele Motorradfahrer Kutten ohne Abzeichen eines eigenen Clubs, sei es, dass ihr Club keine Abzeichen öffentlich führt oder dass der Träger keiner Gruppe angehört. Viele Kuttenträger tragen Abzeichen und Aufnäher ihrer befreundeten Clubs auf der Kutte, das kann von nur wenigen ausgewählten bis zu einer flächendeckenden Sammlung reichen, die mehrfach übereinander genäht werden.)

Es gab anfangs ein paar abwertende Worte von den Höllenengeln gegenüber den C.A.V.s, aber mit ruhigem Ton klärte Trapper die Situation, und alles blieb friedlich. So ist es schön. Ich war auch lange in der deutschen Motorradclubszene unterwegs, aber in den letzten Jahren trat durch die Fusionen mehrerer kleinerer Clubs zu einem großen MC auf Motorradtreffen der Spaß immer mehr in den Hintergrund.

Obwohl unsere neuen Freunde ebenfalls ein so riesiger Club sind, haben sie viel Spaß an dem, was sie machen. Zum Beispiel durch halb Kanada fahren, um sich mit Freunden zu treffen.

Überhaupt scheinen die Bewohner Ontarios die reisefreudigsten Kanadier zu sein. Oder müssen es, weil Ontario so groß ist. Selbst mit dem Auto braucht man vier Tage, um es von Ost nach West zu durchqueren. Bestimmt jedes dritte Fahrzeug auf einem Campingplatz in Kanada stammt aus Ontario. Bei einer Show im Anne of Green Gables Park auf Prince Edward Island meinte der Akteur: „Build it and they will come" – baue irgendetwas, und sie (die Ontarianer) werden kommen.

Da viele der C.A.V.s eine weite Anreise hatten, wollten sie zur Rückfahrt gerne recht früh aufbrechen. Also hieß es auch für uns, den Wecker zu stellen. Wollten wir uns doch noch verabschieden. Die Nacht war recht kurz gewesen, denn ein Burn-out-Contest der Hells Angels ließ kaum Entspannung zu.

Als Erste trafen Elden, Carrie und „The Kid", Carries Tochter, bei den Maschinen ein. Die drei waren bereits startklar und machten sich nach ein paar Erinnerungsfotos auf den Weg nach Toronto. Sie kamen uns vor wie alte Bekannte. Die nächsten waren Pierre und Bärbel, mit denen wir gemeinsam frühstückten und die sich danach ebenfalls auf den Weg machten. Von Pete, unserem Gönner, konnten wir uns leider nicht verabschieden. Er hatte wohl zu heftig gefeiert, heute Morgen um eine Nacht verlängert und sich noch einmal hingelegt. Schade.

Also packten wir die Motorräder und verließen Kenora. Ein Pelikan glitt über uns hinweg, und auf dem Highway konnten unsere Wildwarner endlich zeigen, was sie drauf hatten. (Durch den Fahrtwind wird schon ab 50 Stundenkilometer ein bis zu 400 Meter in Fahrtrichtung reichender Ultraschall-Hochfrequenzton erzeugt, der (Wild-)Tiere von der Fahrbahn vertreibt.)

Die Dinger schienen wirklich zu funktionieren. An den Waldrändern standen des Öfteren Hirsche, die sich von den vorbeifahrenden Autos nicht stören ließen. Doch kaum kamen wir in die Nähe, schreckten sie hoch und flüchteten mit großen Sprüngen in den Wald. Na, hoffentlich flüchten sie immer von der Straße weg und kommen nicht auf die Idee, die Straße zu überqueren. Die Wildwarner wurden uns von mehreren Kanadiern empfohlen, für einen Dollar fanden wir sie dann im „Dollorama".

Wir verließen Ontario und fuhren nach „friendly Manitoba". Dass dieser Name Programm ist, sollten wir nicht nur einmal merken.

Auf einem kleinen privaten Campingplatz in Winnipeg hatten wir gestern unser Zelt aufgeschlagen, gleich danach ging es mit einer KLR hinein in die City von Manitobas Hauptstadt. Die Parkplatzsuche gestaltete sich etwas schwierig, bis wir in einer Unterführung mehrere Scooter und einen dikken Chopper stehen sahen. Das sah zwar nicht nach offiziellem Motorradparkplatz aus, doch wir gesellten uns dazu. Dummerweise war die KLR mit den beiden Alukisten breiter als zwei Roller zusammen, und so ganz geheuer war mir bei der Sache nicht. Dann näherten sich auch noch zwei Sicherheitsleute. Ich überlegte fieberhaft nach einer Strategie. Sollte ich sie einfach wegen des Parkens ansprechen? Gut, Angriff ist die beste Verteidigung.

Eigentlich, klärten sie uns auf, sei dieser Platz nur für Scooter gedacht, da viele Angestellte mit Rollern zur Arbeit fahren würden. Hmmm ... und was sei mit dem Slogan „friendly Manitoba" auf den Nummernschildern, entgegnete ich? Da mussten sie herzlich lachen, und das Eis war gebrochen. Sie versprachen sogar, auf unser Motorrad aufzupassen. Wie herrlich unkompliziert.

Heute ging es weiter, raus aus dem wirklich sehr freundlichen Manitoba und hinein nach Saskatchewan. Soweit der Plan.

Auf dem Highway begegnete uns ein Haus. Genau, ein Haus. Häuser werden nicht an Ort und Stelle aufgebaut, sondern fix und fertig geliefert oder bei einem Umzug einfach mitgenommen. Dieses Exemplar stand auf einem extra breiten Truck, der die beiden kompletten Fahrspuren für sich beanspruchte. Ging es an einer Brücke mal etwas enger zu, wurden kurzerhand die Straßenschilder abgeschraubt. Den nachfolgenden Verkehr schien die Verzögerung überhaupt nicht zu stören. Diese Kanadier ..., wie unkompliziert. Aber das sagte ich ja schon.

Kurz nach Winnipeg zog ein starker Wind auf, der uns permanent von links anblies. Wir fuhren in ständiger Schräglage, und wenn ein Lkw vorbeizog, mussten wir aufpassen, um nicht umzufallen. Beim Passieren von Portage la Prairie, dem Übergang in die Prärie, wurde der Wind immer heftiger, sodass man sich kaum noch aufrecht halten konnte. Tja, das hatten wir nun davon, wollten ja unbedingt die „unendlichen Weiten“ sehen. Wenn man den Einheimischen Glauben schenkt, kann man hier seinen entlaufenen Hund nach drei Tagen immer noch sehen. So flach ist das Land in der Mitte Kanadas.

Bei einer Rast passierte es dann. Ich stellte meine KLR ab und war mir eigentlich sicher, dass sie stabil gegen den Wind stehen würde. Dann ging ich zu Manu, um ihr Motorrad beim Absteigen zu sichern, als sie plötzlich aufschrie. Ich dachte erst, der Wind hätte sie aus dem Gleichgewicht gebracht und sprang zu ihr, als es hinter mir krachte. Autsch!!! Und da lag sie nun auf der rechten Seite, meine Gute.

Manu saß noch immer auf ihrer KLR, während ich versuchte, meine Maschine hochzuhieven. Mit dem ganzen Gepäck und dem hohen Schwerpunkt war das unmöglich. Also Tankrucksack runter und die beiden Rollen, die auf der Sitzbank verzurrt waren, gelöst. Dann ging es endlich. Der eine Alukoffer hatte nun seine erste echte Schramme, war aber nicht kaputt. Nur der Kofferträger war etwas nach innen gedrückt, was wir bei Gelegenheit leicht richten konnten.

Als beide Bikes sicher standen und wir gerade einmal

durchgeatmet hatten, kam ein Motorradfahrer angebraust, hielt an und fragte, ob alles okay sei. Wir trauten unseren Augen nicht: Es war C. J., der uns ein paar Tage zuvor in Kenora das Abendessen spendiert hatte. Was für ein Zufall.

C. J. fuhr weiter, aber wir hatten für heute die Nase voll vom Fahren bei Sturm. Saskatchewan musste warten. In Brandon fand sich ein gemütliches Motel, wo wir die Gastfreundschaft der Leute von „friendly Manitoba" eine weitere Nacht genießen konnten.

Kapitel 3: USA – der Norden

9. August – Heißes Land

Toller Sonnenaufgang, strahlend blauer Himmel, fast kein Wind. Geschätzte 25 Grad Lufttemperatur. Auf einem kleinen Highway parallel zum Trans Canada Highway nach Saskatchewan, in die wohl flachste Provinz von ganz Kanada. Man könne dort unglaublich weit schauen, und die Straßen seien schnurgerade, sagte man uns. Und – es war wirklich so. Hier unten im südöstlichsten Zipfelchen des Staates soll es sogar wild wachsende Bäume geben. Alle anderen Bäume in Saskatchewan wurden von Menschen gepflanzt, und zwar nur dort, wo es Siedlungen gab.

Der Grenzübergang in die USA nach North Dakota war ziemlich einsam und klein, die Grenzer hatten Langeweile. Wir durften unsere Rollen abschnallen, die Koffer öffnen, und die Jungs wollten in alle Taschen schauen.

Dabei kam mir ein Gedanke: Bei der Landung in Philadelphia bekamen wir zwei verschiedene Ausreisedaten in die Pässe gestempelt, die beide vor unserem eigentlichen Rückflugtermin lagen. Sollte ich vielleicht die Grenzbeamten hier nach einer Lösung dieses Problems fragen? Ich fragte. Und erhielt zur Antwort, dass wir dazu in Philadelphia zur Homeland Security müssten, um dort eine Verlängerung zu beantragen. Schade, ich dachte schon, die könnten das gleich hier an der Grenze erledigen. Einfach ein neues Datum reinstempeln, im Computersystem ändern – fertig. Das wäre wohl zu einfach gewesen. Aber egal, wir hatten ja noch zwei Monate Aufenthaltsgenehmigung.

Weiter. Endlose Getreideländereien, gespickt mit Ölfördertürmen, zogen vorbei. Schmetterlingsschwärme knallten gegen die Visiere und Klamotten. Das sah nicht gerade appetitlich aus, wenn so ein Schmetterling genau vor dem Auge an der Visierscheibe zermatschte.

Einzelne Motorradfahrer und auch Gruppen kamen uns entgegen. Wo die wohl herkamen, auf diesen einsamen Nebenstrecken in der Mitte vom Nichts? Das Geheimnis sollte sich in den nächsten Tagen lüften.

Tagelanges Dahinrollen durch die Prärie von North Dakota und South Dakota. Es hätte mich nicht gewundert, wenn irgendwo ein paar Indianer über die Hügel geritten wären. Unter dem Helm summte ich ständig das Winnetou-Lied vor mich hin und steckte Manuela bei jeder Pause damit an.

Das Wetter war super, aber mittlerweile schon zu heiß. Zwischen 35 und 40 Grad Tageshöchstwerte. Deswegen standen wir mit der Sonne auf und genossen die relativ kühle Morgenluft im Fahrtwind.

Irgendwann war die Prärie zu Ende. Was für ein Land. Einerseits eintönig, andererseits faszinierend. Diese unendliche Weite und diese riesengroßen Felder, auf denen meist Getreide oder Sonnenblumen angebaut werden, diese bis zum Horizont reichenden Viehweiden – das beeindruckt einen schon. Mittendrin ragen einzelne Felsen und von Menschenhand errichtete Ölförderanlagen auf.

Aus der Prärie hinein in die Black Hills Richtung Mt. Rushmore. Unterwegs löste sich das Rätsel der Motorradfahrer auf den einsamen Straßen Dakotas: die „Sturgis Bike Rallye“ war in vollem Gang. (Die Sturgis Motorrad-Rallye ist ein Motorradtreffen, das jedes Jahr in der ersten vollen Augustwoche in Sturgis, South Dakota, stattfindet. Die erste

Rallye dauerte zwei Tage und begann am 14. August 1938. Ins Leben gerufen wurde sie vom Jackpine Gypsies Motorcycle Club, der auch heute noch das Geschehen rund um die Rallye kontrolliert. In den letzten Jahren kam es zu einer Neubelebung der Rallye, sie entwickelt sich mehr und mehr zum Familienereignis.)

Über 500.000 Motorräder bevölkern die Region, entsprechend voll und laut ist es auf den Straßen. Die Geräuschlimits für Auspuffanlagen sind graue Theorie. Von so einem Ereignis will natürlich jeder profitieren, und so schnellen die Preise für Übernachtungen in ungeahnte Höhen. Für eine Unterkunft, die normalerweise 50 Dollar kostet, muss man in dieser Woche bis zu 300 Dollar zahlen. Morgen würde die Rallye zu Ende gehen. Vielleicht unsere Chance auf eine bezahlbare Unterkunft?

Wir fuhren an Sturgis vorbei und suchten in Rapid City ein Motel. Es gab zwar auch jede Menge Campgrounds, denn jeder, der einen Acker oder eine Wiese besitzt, stellt ein paar Dixi-Häuschen auf und eröffnet seinen eigenen Zeltplatz. Diese Plätze waren sogar erstaunlich günstig, aber leider steht auf so einem Acker nirgends ein Baum. Und bei schattenlosen 40 Grad muss ich nicht unbedingt im Zelt schlafen.

Wir verhandelten mit dem Motelbesitzer über ein paar Nächte, schließlich machte er einen guten Preis. Die meisten Gäste waren schon im Aufbruch, und nach der Rallye-Woche würde alles wieder seinen gemächlichen Gang gehen. Der Chef bat uns, mit den Zimmernachbarn nicht über die Preise zu reden. Da sie schon die ganze Woche hier waren, bezahlten sie deutlich mehr als wir.

Manuela: Wie wir alle wissen, hat das Leben viele Geheimnisse, für die es keine Erklärung gibt. Eines davon sind böse Straßengeister, sogenannte „Road Gremlins". Diese kleinen Wesen leben auf Motorrädern, lieben den Fahrtwind und sind für die meisten Motorradprobleme verantwortlich. Manchmal funktioniert der Blinker nicht, die Batterie ist tot, die Kupplung muss nachgestellt werden, oder 100 andere verschiedene Sachen gehen nicht, wie sie sollen. Diese Probleme werden von bösen Straßengeistern verursacht.

Aber: Road Gremlins können nicht in der Nähe einer Glocke leben. Ihr Gehör ist super sensibel, und das ständige Gebimmel macht sie verrückt. Sie verlieren den Halt und fallen auf die Straße. Deshalb schenkten Matthias und ich uns heute gegenseitig ein Schutzglöckchen. Die Legende sagt nämlich auch, dass man sich diese „Ride Bell“ nicht selbst kaufen darf. Sag' noch einer, Motorradfahrer seien nicht schrullig.

Heute waren wir in Sturgis unterwegs und sahen dort jede Menge Unikate. So sah zum Beispiel ein Biker aus wie Santa Claus persönlich. Eine Harley-Lady hatte einen kleinen Hundekäfig auf dem Soziussitz befestigt, natürlich im passenden Farbton, aus dem ihr kleiner Chihuahua herausschaute. Wieder andere kamen im schottischen Kilt. Von den extremen Motorradumbauten will ich gar nicht erst anfangen. Manche sahen nicht gerade bequem aus, aber jedem, wie es ihm gefällt.

In einem Saloon genehmigten wir uns Burger und „Corn“ (Maiskolben), eben typisches amerikanisches Essen und bestaunten die Leute, die vorbeiliefen, und die Motorräder, die ihre Showrunden drehten. Als wir unsere beiden erdferkelgleichen KLR zwischen all den blitzenden und funkelnden Harleys parkten, hatten wir noch nicht mal richtig den Helm abgesetzt, als wir schon fotografiert und nach dem Woher, Wohin gefragt wurden. Da kam man sich unter all diesen Verrückten selbst wie ein Exot vor.

Matthias: Die Harley ist ein nordamerikanisches Produkt und, wie mir gesagt wurde, preislich in etwa mit einem Cruiser japanischer Fabrikate vergleichbar. Wenn man die Distanzen sieht, die auf diesem Kontinent so abgespult werden müssen, kann ich verstehen, warum man das bequeme Sitzmöbel einer großvolumigen Harley-Davidson bevorzugt.

Aber das ist es nicht, was ich hier schreiben wollte. Also: Meistens werden die schicken Harleys in schwarzen Kastenanhängern transportiert, mit im Anhänger reisen jede Menge Lappen und Putzzeugs. In den Motels hängen Zettel, dass die Handtücher NICHT zum Putzen von Motorrädern und Autos gedacht seien. Was für ein Gedanke – wir kämen gar nicht auf die Idee, unsere Motorräder überhaupt zu putzen. Die Amis offensichtlich schon. Auch auf einem Zeltplatz auf Prince Edward Island hatten wir benachbarte Zelter, die alle möglichen Flaschen und Tuben mit Reinigungsmittelchen und große Tücher dabei hatten und den ganzen Vormittag ihre Harley wienerten, bis der Chrom blinkte. Wenigstens fuhren die beiden selbst und reisten nicht mit Pick-up und Trailer an.

Manuela: Als wir heute Morgen aus dem klimatisierten Zimmer vor die Tür traten, traf uns die Hitze wie ein Schlag ins Gesicht. Dann bemerkten wir den Brandgeruch. Hmmmm, da wird doch nicht irgendwo etwas zündeln? Es herrscht in dieser knochentrockenen Gegend schließlich extreme Brandgefahr.

Das Motorradfahren war auch kein rechter Genuss, wir hatten eher das Gefühl, bei lebendigem Leib gekocht zu werden. Selbst der Fahrtwind kam wie aus der Heißluftpistole.

So erledigten wir nur die nötigsten Sachen. Auf der Post bekamen wir mit, dass im über 500 Kilometer entfernten Yellowstone Nationalpark zirka 1.000 Acres (das sind über vier Millionen Quadratmeter) in Flammen standen und der Osteingang deswegen gesperrt war. Das sollten wir mal weiterhin im Auge behalten, denn exakt dies war unsere weitere Routenplanung. Jedenfalls erklärte sich so der Brandgeruch in der Luft, da der Westwind alles zu uns nach Rapid City wehte.

Das Außenthermometer zeigte im Schatten 107 Grad Fahrenheit an, etwa 42 Grad Celsius. Da war jede Anstrengung ungesund.

Erst am Spätnachmittag fuhren wir zum Mount Rushmore und schauten uns im Vorbeifahren die vier in Stein gehauenen Präsidenten an. Ziemlich beeindruckend. (Das Mount Rushmore National Memorial ist eine Gedenkstätte. Sie zeigt riesige Porträtköpfe der vier damals bedeutendsten US-Präsidenten. Jeder Kopf ist 8,3 Meter hoch. Zu sehen sind von links nach rechts die Präsidenten George Washington (Baubeginn 1930), Thomas Jefferson (1936), Theodore Roosevelt (1939) und Abraham Lincoln (1937). Am Denkmal befinden sich Ausschnitte aus berühmten Reden dieser Präsidenten. Mount Rushmore wird gerne als „Shrine of Democracy", als heiliger Schrein der Demokratie, bezeichnet. Die Lakota-Indianer betrachten das Monument als eine Entweihung ihres heiligen Berges.)

Um Mount Rushmore herum führte die „Iron Mountain Road" und der „Needles Highway" – ein Eldorado für Biker mit vielen, vielen Kurven, Tunnel, Brückchen und bizarrer Felslandschaft, die besonders stimmungsvoll beim Sonnenuntergang wirkte. Gut, dass wir für diese Tour nur mit einem Motorrad unterwegs waren, denn so konnte ich auf dem Soziasitz knipsen, was das Zeug hielt.

Nach der Runde durch den schönen Custer State Park kamen wir wieder am Mount Rushmore Memorial an, als es bereits dunkel wurde. Genau der richtige Zeitpunkt, um die Lichtershow zu beobachten, bei der die Präsidenten in der Dunkelheit angestrahlt werden. Vorher gab's noch einen sehr patriotischen Film zu sehen. Dann die Show: Ein paar Uniformierte erzählten Geschichten über das Land und die Präsidenten. Immer wenn etwas über einen der vier gesagt wurde, erstrahlte dieser im gleißenden Licht, bis alle vier Köpfe hell erleuchtet waren und das amerikanische Nationallied angestimmt wurde. Rings um uns herum schmetterten die Leute ihre Hymne. Tja, Nationalstolz über alles. Aber die Lightshow war toll …

Matthias: Eigentlich wollten wir heute am 14. August zum Yellowstone Nationalpark weiterfahren, aber bei der Hitze sollte man sich nicht zu viel zumuten. So verlängerten wir unseren Aufenthalt kurzerhand um einen weiteren Tag und starteten den Ausflug zum Crazy Horse Memorial bereits am frühen Morgen, um der Hitze zu entgehen. (Crazy Horse (Tashunka witko = Spirit horse) wurde um 1840 am Bear Butte beim späteren Rapid City, South Dakota, geboren und starb am 05.09.1877. Er war Häuptling der Oglala-Lakota. In der Schlacht am Little Big Horn am 25. Juni 1876 wurde das siebte US-Kavallerieregiment unter George A. Custer von Indianern der Lakota-Sioux, Arapaho und Cheyenne unter ihren Führern Sitting Bull und Crazy Horse am Little Big Horn River im heutigen Montana vernichtend geschlagen.)

Dieses Denkmal ist das Gegenstück zu den vier Steinpräsidenten, die Pioniergeist und Patriotismus darstellen, übertrifft es in den Ausmaßen aber um ein Vielfaches: Die vier Präsidentenköpfe von Mount Rushmore sind etwa so groß wie der Kopf des Pferdes, auf dem Crazy Horse sitzt. 1948 begann der Bildhauer Korczak Ziolkowski mit den Arbeiten am Memorial, das den Indianern gewidmet ist, die zuerst dieses weite Land bevölkerten, bevor der weiße Mann kam und es ihnen Stück für Stück entriss.

Doch auch diesem Projekt stehen viele Natives kritisch gegenüber. Sie betrachten die Skulptur genau wie Mount Rushmore als Entweihung der heiligen Black Hills und als Verrat an Crazy Horse, der nie fotografiert werden wollte. Über das einzige Foto, das es von ihm gibt, streiten sich heute noch die Gelehrten.

Wenn das Denkmal einmal fertiggestellt ist, wird es 195 Meter lang und 172 Meter hoch sein und den Indianerhäuptling Crazy Horse auf einem Pferd sitzend, mit einem nach Osten ausgestreckten Arm, zeigen.

Doch bis es soweit ist, werden wohl noch ein paar Generationen der Familie Ziolkowski Hand anlegen müssen. Stück für Stück wird weitergebaut, je nach Wetter und Finanzlage, denn das Projekt ist ein reines Familienunternehmen, das aus Spenden und Eintrittsgeldern finanziert wird.

Staatliche Unterstützung wird nicht akzeptiert, da man so einen Eingriff in Entscheidungen vermeiden will.

Es lässt sich also nicht sagen, ob und wann das Crazy Horse Memorial samt umliegender Einrichtungen wie Universität und medizinischer Ausbildungsstätte für Indianer fertiggestellt sein wird. Wir fanden es trotzdem ein tolles Projekt mit guten Aussichten, gerade für die Indianer.

Draußen auf dem Parkplatz trafen wir ein britisches Pärchen, das auf einer uralten Norton durch die USA reiste und uns schon mal die schauerlichsten Bärengeschichten vom Yellowstone auftischte. Das konnte ja heiter werden.

Die Sommersonne brutzelte auf uns nieder, und wir stoppten kurz vor Rapid City noch beim Bear County Park. Hier wartet ein klasse Service auf Motorradfahrer, denn mit dem Motorrad darf man natürlich nicht durch den Park fahren. Es gibt aber sogenannte „Courtesy cars", Ersatzwagen, die man für einen kleinen Aufpreis mieten kann.

Und so tuckerten wir in einem riesigen alten Ford, die Klimaanlage voll aufgedreht, durch den Park und konnten den Schwarz- und Grizzlybären, den Wölfen, Berglöwen und anderen Gesellen, die man sonst lieber aus der Ferne sieht, in die Augen schauen.

Durch die Hitze hielten sich verständlicherweise die meisten Tiere im Schatten der Bäume auf und waren weniger aktiv. Machte aber nichts: Wenn du da im Stau stehst und plötzlich ein Grizzly in Greifweite an deinem Fenster vorbeitrottet, dann ist das schon ein beeindruckendes Erlebnis. Ein ähnliches Gefühl wie in Schottland, wenn so ein riesiges Hochlandrind die Straße entlangtrabt und du mit deinem verhältnismäßig kleinen Motorrad hinter den wartenden Autos stehst und hoffst, dass das Tier seinen Kopf mit den mächtigen Hörnern nicht zu stark hin und her wiegt.

Nach einem leckeren Baconator bei „Wendy's" fuhren wir zur Bibliothek und ihren PC-Plätzen. Auf einmal konnte ich nicht mehr auf alle Bilder der Speicherkarte zugreifen. Die Dateien wurden mir zwar angezeigt, aber sie ließen sich nicht öffnen. Mist! Woran konnte das liegen? An der Karte, am Kartenleser?

Eine Karte hatten wir ja schon mal entsorgt, von der waren die Bilder komplett verschwunden. Bei dieser hier waren sie zwar da, ließen sich aber nicht öffnen. Dann wurde auch noch der Compact-drive zum Sorgenkind: Wir hatten zwar nur fünf Gigabyte an Bildern drauf, trotzdem zeigte er seine ganzen 80 Gigabyte als belegt an. Ominös, ominös.

Manuela: Eines Tages lagerte ein Indianerstamm am Flussufer, sieben kleine Mädchen spielten in der Ferne. Die Region wurde von vielen Bären bevölkert, und einer von ihnen begann, die Mädchen zu jagen. Sie rannten vor ihm weg, direkt auf ihr Dorf zu, doch der Bär hatte sie beinahe eingeholt. Die Mädchen sprangen auf einen etwa einen Meter hohen Felsen und begannen zu beten: „Felsen, hab Mitleid mit uns. Felsen, beschütze uns.“ Der Felsen hörte das Bitten der jungen Mädchen und begann in die Höhe zu wachsen, schob sie höher und höher aus der Reichweite des Bären. Der Bär sprang hoch und krallte sich an den Seiten fest, brach aber nur seine Krallen ab und fiel zu Boden. Er versuchte immer wieder, an dem Felsen hochzuspringen, während die Mädchen immer höher in den Himmel hinaufgeschoben wurden. Dort sind sie noch heute in einer Gruppe von sieben kleinen Sternen zu sehen, den Plejaden. Auch die Spuren der Bärenkrallen kann man noch sehen – als längliche Rillen an der Felswand.

Soweit zu einer der Legenden um den „Devils Tower“. Es gibt mehrere davon, doch diese ist die bekannteste und für mich auch die schönste. (Der Devils Tower, der Turm des Teufels, ist ein Monolith am Rande der Black Hills in Crook County, Wyoming. Er hat eine Höhe von zirka 290 Metern und einen Durchmesser von fast 150 Metern. Für verschiedene Indianerstämme ist der Devils Tower heilig. Deswegen kommt es immer wieder zu Auseinandersetzungen zwischen Indianern und Bergsteigern, die nach Ansicht der Indianer den Berg entweihen, indem sie ihn besteigen.)

Von South Dakota nach Wyoming. Endlose Weite, viel Sand, viel Steppe, schon fast langweilig ... in South Dakota gab es durch die Landwirtschaft wenigstens noch eine Art von Abwechslung. Aber hier nur Prärie, Hitze und Staub. Wären wir im Auto gefahren, hätte ich die meiste Zeit geschlafen.

Als wir Buffalo erreichten, braute sich nebenan ein Gewitter zusammen, die ersten Blitze zischten bereits spektakulär am finsteren Himmel, und so schliefen wir zum ersten Mal auf unserer Reise in einer sogenannten Cabin, einem kleinen Holzhüttchen auf dem Zeltplatz. War zwar teurer als ein Zeltstellplatz, aber günstiger als ein Motel.

Zum Abendbrot gab es für einen Dollar jede Menge Eiscreme und einen netten Plausch mit Sarah, einer jungen Amerikanerin, die schon weit herumgereist war und viel zu erzählen hatte.

Matthias: Seit über einer Woche hatten wir jeden Tag zwischen 35 und 40 Grad Lufttemperatur. Im Grunde seit dem Zeitpunkt, als wir wieder in die USA einreisten. Die Staaten, in denen wir uns während dieser Hitzewelle aufhielten (North Dakota, South Dakota, Wyoming) haben keine Helmpflicht, und 90 Prozent der Motorradfahrer nutzen diese zweifelhafte Freiheit aus. Wohlgemerkt, ich rede von der Fahrt auf dem Highway und nicht von der kurzen Innenstadttour. Wobei das bei einem Unfall eigentlich unerheblich ist.

Viele fuhren in Shorts und T-Shirt, manchmal nur mit Flip-Flops an den Füßen. Auf der vollverkleideten Honda Goldwing bekommt man ja weder einen Luftzug noch einen Schmetterling oder ein anderes Fluggetier ab. Wir hingegen saßen auf unseren Maschinen mit Helm, Motorradhose und Motorradjacke. Nur auf letztere verzichtete ich ab und zu bei Tagesausflügen. Es war einfach zu warm.

Was wohl so ein leicht bekleideter US-Biker bei unserem Anblick so dachte? Vermutlich: „Schau dir die Verrückten an. Bei der Hitze fahren sie voll verpackt mit geschlossenen Integralhelmen. Da kriegt man doch den Hitzekollaps!“ Wir wiederum dachten: „Mann, der ist aber leichtsinnig. Wenn der mal fällt, dann ist die Tapete schnell ab. Und Schotterflechte heilt nur sehr langsam.“ Tja, was ist nun das Richtige?

Wir sehen es so: Die Nachteile unserer Variante fallen unter dem Strich geringer aus. Man schwitzt mehr, muss mehr Trinkpausen einlegen, wofür die schmale und zu weiche Endurositzbank ohnehin sorgt. Etwas kühler könnte es allerdings schon werden. Nur ein klein wenig.

16. August – Im Yellowstone Nationalpark

Eines Morgens stand die Sonne am Himmel, aber so hatten wir sie noch nicht gesehen: ein roter Feuerball, eingetaucht in blaugrauem Nebel. Sehr merkwürdig. Das Ziel für heute hieß Cody, die Western-Vorzeigestadt. Die Route dorthin verlief über einen wunderschönen Scenic Byway, eine landschaftlich reizvolle Nebenstraße.

Auf halber Strecke machten wir in der Nähe des berühmten Schlachtfeldes von Little Big Horn einen kurzen Stopp und erhielten in einem Tourismusbüro die Lösung für das Sonnenphänomen: Eines der vielen „Wildfires“, wie die Waldbrände hier heißen, ganz in der Nähe verursachte den beißenden Rauch und verdunkelte die Sonne. Also das Halstuch doppelt legen, vor den Mund binden und weiter. Trotzdem wurden wir auf den nächsten Kilometern gut eingequalmt, aber Räucherware hält ja bekanntlich länger. Manuela band ihr Tuch auch noch über die Nase, da sie der beißende Rauch ständig zum Husten reizte.

Der Osteingang des Yellowstone Nationalparks blieb weiterhin geschlossen, da inzwischen rund 500 Acres oder zwei Millionen Quadratmeter in Flammen standen, ausgelöst durch einen Blitzeinschlag. Damit würde unser Weg in den Yellowstone über den Nordosteingang führen.

Manuela: Cody empfing uns mit einem leichten Gewitterschauer mitten auf einer ungeteerten Baustelle. Wie in einem

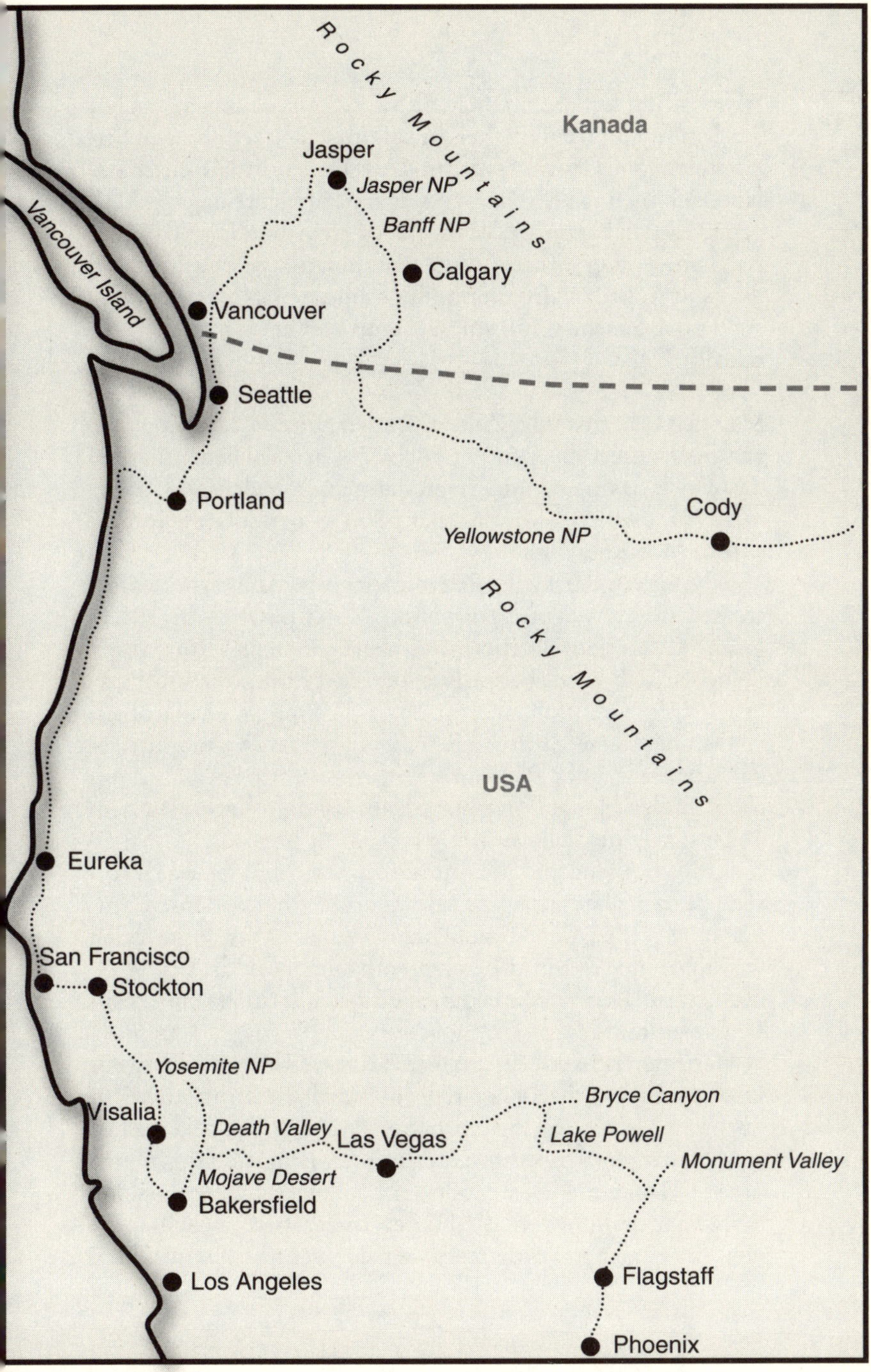

Rocky Mountains
Kanada
Jasper
Jasper NP
Banff NP
Calgary
Vancouver Island
Vancouver
Seattle
Portland
Cody
Yellowstone NP
Rocky Mountains
USA
Eureka
San Francisco
Stockton
Yosemite NP
Visalia
Death Valley
Las Vegas
Bryce Canyon
Lake Powell
Monument Valley
Mojave Desert
Bakersfield
Los Angeles
Flagstaff
Phoenix

Westernfilm kullerten trockene Sträucher vor uns quer über die Straße. Ein freundlicher Autofahrer hielt den böigen Seitenwind zum Großteil von uns ab. Das Visitor Center befand sich in einer Kirche, wo wir uns zunächst das Deckengemälde anschauen mussten, bevor man uns irgendwelche Auskünfte über Motels oder Campingplätze erteilte. Und die weltgrößte Waffensammlung sollten wir hier in Cody auch noch ansehen. Ein solcher Tipp von der Kirche? Merkwürdig ...

Matthias: Mit unserem Zelt waren wir auf den Campingplätzen bisher stets die Exoten, höchstens an Wochenenden änderte sich das manchmal, weil dann auch andere Zelter kamen. Nach wie vor unschlagbar blieb jedoch unsere Kombination Motorrad/Zelt.

Sehr viele Amerikaner sind mit Klappfix-Anhängern unterwegs, wobei das Wort „Kurbelfix“ besser passen würde: Das Dach wird hochgekurbelt und die Seitenteile ausgeklappt. Daneben sieht man gerne Huckepack-Hütten für die Pickups, gefolgt von Wohnanhängern in allen möglichen Größen.

Den nächsten Schritt stellen die Auflieger-Wohnanhänger dar, ebenfalls vom Pick-up gezogen. Sie hängen allerdings nicht an der Hängerkupplung dran, sondern liegen auf dem Teller der Ladefläche auf.

Stufe drei sind die Wohnmobile. Und da gibt es Unterschiede, das glaubt man in Mitteleuropa nicht. Kleine Camper in VW-Bus-Größe sieht man kaum, es sei denn, es ist wirklich ein VW-Bus. Mietcamper haben meist die Größe eines aufgeblasenen Mercedes Sprinter, allerdings mit sechs Liter Hubraum.

Faszinierend sind die großen Kaliber. Die gehen bis zur Größe mitteleuropäischer Reisebusse, doch damit nicht genug: Die Seiten sind ausfahrbar, sodass die Wohnfläche fast verdoppelt werden kann. Und: Hinten hängt meist ein größerer PKW, ein Pick-up oder ein schwarzer geschlossener Anhänger dran, in dem die Harley transportiert wird.

Der Osteingang wurde zwar wieder geöffnet, wir fuhren

trotzdem zum Nordosteingang, denn dort warteten zwei schöne Scenic Byways. (Ein Scenic Drive oder Scenic Byway ist eine Art empfohlene sehenswerte Reiseroute. In fast jedem Nationalpark und in vielen landschaftlich reizvollen Gegenden oder Städten der USA gibt es Scenic Drives.)

Das Feuer war noch immer nicht gelöscht, sondern nur so weit unter Kontrolle, dass die Straße wieder geöffnet werden konnte. Wenn ein solches Feuer natürlichen Ursprungs ist, lässt man es in den meisten Fällen brennen, bis der Schnee kommt. Denn das ist nun mal der Lauf der Natur. In den westlichen Staaten der USA brannten gerade über 50 große Feuer. Das sei jedes Jahr so, hieß es.

Unser Weg führte über den bezaubernden Chief Joseph Highway nach Cooke City. Von dort startete der wohl bekannteste Scenic Highway Nordamerikas, der Beartooth Highway (Beartooth = Bärenzahn), der uns in unzähligen Kurven und Kehren bis auf über 3.333 Meter emporklettern ließ.

Unterwegs begann es zu regnen, die Sicht auf die tiefen Schluchten direkt neben der Straße war daher nicht so toll. Fotografieren fiel flach, immerhin war die Helmkamera montiert, und so hatten wir wenigstens ein kurzes Filmchen von der Kurvenfahrt.

Oben auf dem Pass die Überraschung: Schnee. Echter Schnee. Was war ich froh über die Griffheizung, mit den dünnen Sommerhandschuhen wäre jegliches Gefühl bald weggewesen.

Dann erreichten wir den Nordosteingang des Yellowstone Nationalparks. In den letzten Tagen hatten wir jede Menge Geschichten über Grizzlies gehört und unzählige Ratschläge erhalten. Dass wir unbedingt Bärenspray kaufen müssten und so weiter und so weiter. Nun waren wir derartig hypersensibilisiert, dass wir uns erst mal eine „Cabin“, eine Hütte auf einem Campground in Gardiner, außerhalb des Parks, mieteten. Nachteil: etwas teurer als ein Zelt. Vorteil: super Ausblick auf den Yellowstone Park und Yellowstone River, wetterunabhängig, sicher, bequem, ...

Gleich bei der ersten kurzen Erkundungsfahrt im Park trafen wir auf eine Büffelherde, die auf beiden Seiten der Straße graste. Alle Autos vor uns fuhren problemlos an den Büffeln vorbei. Dann kamen wir. Und prompt kam Unruhe in die Herde. Entweder waren es unsere Wildwarner oder der Motorenlärm – jedenfalls beschloss die kleinere Gruppe auf der einen Seite, über die Straße zur größeren Gruppe zu rennen. Und wir mittendrin. Die einen galoppierten vor Manuela über den Asphalt, die anderen hinter mir. Ohne uns zu streifen. Absicht oder Zufall? Ich war mir nicht sicher, ob die uns überhaupt bemerkt hatten.

Zu den Büffeln zwei Zahlen: Bevor der weiße Mann das Land eroberte, lebten in den amerikanischen Weiten rund 60 Millionen Büffel. Danach waren es noch knapp 1.000 Tiere. Ein gewisser Colonel W. F. Cody, auch bekannt als „Buffalo Bill", erlegte alleine über 16.000 Büffel. Einfach aus Spaß, verwertet wurden nur die Felle. Die Abschlachterei raubte den Indianern die Lebensgrundlage, wodurch man endlich einen Grund hatte, sie in Reservate zu sperren. Der Oberschlächter Buffalo Bill wurde nicht etwa bestraft, sondern bekam in dem nach ihm benannten Ort Cody ein riesiges Museum gebaut mit besagter weltgrößter Waffensammlung, auf die die waffenvernarrten Amerikaner ganz versessen sind. Erschreckend ...

Im Yellowstone Nationalpark leben mittlerweile wieder um die 4.000 Büffel, der Bestand erholt sich. Eine Büffelherde mit Hunderten von Tieren auf einer endlosen Weide grasen zu sehen – das geht unter die Haut.

Manuela: Bustour durch den Yellowstone NP – „Yellowstone in a day". Die Tour startete von unserem Campground und führte knapp 300 Kilometer durch den Park. Der Nationalpark liegt zum größten Teil in der Caldera des Yellowstone-Vulkans, eines sogenannten Supervulkans. (Supervulkane sind übergroße Vulkane, die, im Gegensatz zu üblichen Vulkanen, wegen der Größe ihrer Magmakammer bei Ausbrüchen keine Vulkankegel bilden, sondern riesige Calderen

(Senken) im Boden hinterlassen. So ist die Magmakammer des Yellowstone-Vulkans 60 Kilometer lang, 40 breit und zehn hoch und fasst rund 24.000 Kubikkilometer Magma).

Vor einigen Jahrzehnten bemerkte man, dass der Wasserspiegel des Yellowstone Lake auf einer Seite des Sees zurückging, auf der anderen Seite jedoch stieg und die Landschaft überflutete. Nach Messungen stellte man fest, dass sich eine große Magmablase unter dem Yellowstone NP befindet und diese stetig wächst. In geologisch gesehen naher Zeit wird es wohl wieder zu einem Ausbruch kommen. Zum Glück bedeutet „geologisch nahe Zeit" in diesem Fall einen Zeitraum von bis zu 10.000 Jahren.

Wir sahen heiße Quellen, Schlammblubberlöcher, Wasserfälle, Geysire, Felsen und Schluchten und natürlich jede Menge Wildlife, zum Beispiel Elche, Hirsche, Dickhornschafe, Schwarzbären und Seeadler. Außerdem zirka 500 Büffel, die uns für 30 Minuten bei einer „Buffalo-Jam" aufhielten. Da standen die riesigen Büffel mitten auf der Straße und bewegten sich keinen Schritt beiseite, egal wie viele Autos da standen und warteten. Mitunter kann das bis zu zwei Stunden dauern. Genial.

Die heißen Quellen stanken nach Schwefel, als wäre man schon auf dem Weg in Teufels Küche. Matthias war mal wieder froh, dass er nur über einen eingeschränkten Geruchssinn verfügt, weil ihm ein Teil der Nasenscheidewand fehlt.

20 Prozent aller Geysire weltweit befinden sich im Yellowstone NP. Nur sehr wenige sind so pünktlich, dass man den Besuch einer Eruption planen kann. Der „Old Faithful", der bekannteste Geysir des Yellowstone (wenn nicht sogar der ganzen Welt), ist einer von ihnen. Wir haben ihn uns angeschaut, klarer Fall.

Spannend waren auch die vielen Geschichten, die der Guide erzählte. Die hätten wir alle nie gehört, wenn wir auf eigene Faust durch den Park gefahren wären. Zum Beispiel besuchten seit der Parkeröffnung im Jahr 1872 mehr als 65 Millionen Menschen den Park, und in dieser Zeit gab es nur fünf Todesfälle durch Bären, an denen alle die Opfer Schuld hatten. Das ist beruhigend. Denn wenn man die Opfer der ganzen Geschichten zusammenzählen würde, die man uns unterwegs erzählte, müsste die Zahl der Toten um ein Vielfaches höher liegen.

Matthias: Vom Yellowstone weiter nach Rosalia, wo wir neue Reifen bekommen sollten. Das passte exakt, da meine Pneus vom Typ Mefo Explorer nach 14.000 Kilometern mit voller Beladung fast abgefahren waren. Eine Laufleistung, über die man nicht meckern kann.

Heute, und da kann der Mefo nichts dafür, hatten wir unseren ersten Plattfuß. Ausgerechnet einen Tag vor dem geplanten Reifenwechsel. Was für ein Timing. Wir waren gerade tanken. Als wir wieder starten wollten, fiel mir das Einlenken ungewohnt schwer. Blick nach unten – alles klar, Vorderreifen fast platt. Nun konnte ich endlich mal zeigen, was ich beim letzten MRT im Reifenwechsel-Workshop bei Klaus Demel gelernt hatte. (Jedes Jahr am ersten Wochenende im September treffen sich Motorrad-Fernreisende und Tourenfahrer in Gieboldehausen/Niedersachsen zwischen Harz und Weser. Bei diesem Treffen geht es nicht nur um Motorräder, sondern um die Reisen, die mit ihnen unternommen werden. Reiseberichte und Dia-Vorträge der Teilnehmer sind ein wichtiger Teil des Treffens. Erfahrene Motorrad-Traveller und informationssuchende Einsteiger sind herzlich willkommen zu dieser Info-Börse. Eine gute Gelegenheit, aktuelle Informationen über Motorrad-Reiseländer zu bekommen. Das Treffen ist international und nicht kommerziell.)

Toolbox auf, Werkzeug raus, Vorderrad raus, Reifen runter, Schlauch raus, Reifen ab, Reifen checken, Reifen zur Hälfte drauf, neuen Schlauch rein, etwas Luft rein, Reifen komplett drauf, aufpumpen, Bremssattel ab, Rad einbauen, Bremssattel drauf, ready.

Eine knappe halbe Stunde später waren wir fertig und das im wahrsten Sinne des Wortes. Die Tankstelle nebenan hatte keinen Luftservice, daher musste die Fußpumpe ran. Natür-

Campingplatz auf Cape Breton (ganz oben). Titanic-Friedhof in Halifax (oben links). Elchfamilie auf Cape Breton (oben rechts). Victory Road auf Nova Scotia (unten).

Traumstrecke Cabot Trail (ganz oben links und unten). Balancing Rock (oben rechts).
Lobster-Festival bei der freiwilligen Feuerwehr in Ingonish (oben links).

Sturgis Bikeweek (oben). Die Canadian Army Veterans (unten links). Leuchtturm Peggy's Cove auf Nova Scotia (unten rechts). Campingplatz auf Prince Edward Island (ganz unten).

Crazy Horse Memorial in South Dakota (oben). Büffel im Yellowstone Nationalpark (unten links). Cabin im Yellowstone NP (unten rechts). Reifenpanne irgendwo in Idaho (ganz unten rechts).

Mt. Robson in British Columbia (ganz oben links). Golden Gate Bridge (ganz oben rechts).
Geisterstadt Bodie (oben links). Las Vegas (oben rechts). Überschwemmung im Death Valley (unten).

Lower Antelope Canyon in Arizona (oben links). Saguarokakteen im Bundesstaat Sonora in Mexiko (oben rechts). Naturwunder Bryce Canyon in Utah (unten).

Kathedrale in San Christobal (oben). Geschmückter Friedhof zum „Dia de Muertos“ (unten links). Mexikanischer Markt (ganz unten links). Mexikanisches Stundenhotel (unten rechts).

Maya-Pyramide in Chichen Itza (oben). Riviera Maya (unten links). Prozession zu Ehren der Jungfra
Guadalupe (unten rechts). Maya-Ruinen von Tulum (ganz unten links) und Palenque (ganz unten rech